人より評価される文章術

テクニカルライター 髙橋慈子
文章コンサルタント 堀内伸浩

はじめに

仕事を早く終わらせ、人より評価されるテクニックがある

こんにちは、ライターの高橋慈子です。本書を手に取ってくださったあなたは、文章についてどんな悩みをお持ちでしょうか。もしも、次のような悩みをお持ちなら、本書に答えがあります。

・いつも、メールを書くのに時間がかかって業務を圧迫している
・文書や口頭で社内外に交渉するのが苦手で、思うような返事が来ない
・文章で書く仕事は、自分はほかの人より不利だと感じる
・入魂のつもりなのに提案や企画が通らない！
・広報宣伝文・ドキュメント作成のスキルをもっとアップしたい

ビジネスをぐいぐい前に進める文章には、文学力もセンスも必要ありません。その代わり、次の二つのテクニックが必要です。

・**ロジカル・ライティング……**内容を論理的に組み立てて、わかりやすくする文章テクニック。ロジカルシンキングとともに、ビジネスパーソンには必須のスキルです。企業のドキュメントを執筆するテクニカルライター、社会人の研修講師として長年、ビジネスパーソンの文章力を上げるお手伝いをしてきた、私がノウハウをお教えします。

・**エモーショナル・ライティング……**相手の心を動かす文章テクニック。人の心を動かすのは文章の「うまさ」ではなく、本来は「中身」が重要なのです。そこには、誰にでも身に付けられて、すぐにでも実践できるライティングスキルがあります。そのテクニックは、本書の後半を担当する文章コンサルタントの堀内伸浩さんが担当いたします。

企業の海外進出やグローバル化が進む現在、日本のビジネス界でも、労働時間短縮やリモートワーク導入が叫ばれています。しかし、「メールや文書で効率的に人を動かす」ことができなければ、これらの目標は実現できません。逆に、これらのスキルを手に入れた人は、毎日の進捗がスムーズになります。意味のない対面訪問を繰り返すことや、果てしのない行き違いによる非効率な仕事を撲滅し、人より評価され、快適に仕事を進めることができるようになるのです。

個人としての「働き方改革」が実現すると言ってもよいでしょう。

さあ、始めましょう！

目次

第2章 相手を動かす、ホウレンソウで生きる文章
～報告書、連絡メール、相談メール～

第3章 相手に理解してもらう、説明で生きる文章
～商品説明文、手順書、マニュアル～

文章の出来が評価につながる

文章力の欠如がビジネスの現場でトラブルを招く

この本を手に取ってくださったあなたは、今、文章についてどんな悩みをお持ちでしょうか。文章はビジネスのあらゆる場面で必要なものですが、そのシーンによって求められる役割は大きく異なります。それゆえ、何かしら「文章力に課題」を感じている方も、その悩みは様々ではないかと思います。

私は文章の中でも、特にロジカルな文章術を得意とし、その領域に専門特化して仕事をしています。具体的には、「テクニカルライター」という職名で約30年に渡り仕事をしてきました。テクニカルライターとは、技術的な情報をわかりやすく書く専門職。取扱説明書やマニュアル、各種の製品情報といったものを手掛けています。

そんな私が最近、テクニカルライティングを専門に学ぶ人ではなく、企業向けの研修の講師としてお声掛けいただく機会が増えました。**「わかりやすく、読み手に伝える」テクニカルライティングの技術が、ビジネス文書にも応用できる**と考える人が増えているからです。

研修の多くは、現場のマネージャーからの「何を伝えたいのかわからないメールを毎日、読まなくて済むようになんとかしてほしい」「取引先に誤解がないように伝わる連絡文書や報告書を書けるように指導してほしい」という悲鳴ともとれる強いリクエストからスタートしました。ビジネスの様々な場面で、文章力の欠如が問題を引き起こしている状況が見えてきます。

たとえば、あるシステム開発会社から聞いたお話では、システム障害が起こったあとの調査、対応を伝える「障害報告書」の内容がわかりにくかったために、取引先の経営層から「きちんと対応しているのか」と問いただされてしまったそうです。障害解決の対応自体には問題がなかったそうですが、適切に経緯を伝えられていなかった担当社員の文章が引き起こした事態です。

また、わかりやすい提案書が書けないために、新規案件が取れないと悩んでいる営業担当の声もよくお聞きします。

一方、文書で何を、誰に書くべきかをロジカルに整理して書くことで、仕事をスムーズに進めるよう改善している人もいます。以前にロジカルライティングの研修を提供した企業で、カタログをつくっている方がいらっしゃいました。それまではデザインが済んだところで関係者にレビューをしてもらっていたために、営業部門、技術部門から異なる意見が赤字で書き込まれて調整に時間がかかっていたそうです。研修後は、企画の時点で、誰に、何を伝えるかをロジカルに整理し、関係者で合意を取ってから進めるようにしたところ、文章がすっきりとわかりやすくなり、意見の調整にかかる時間も短縮できたと後日伺って、嬉しくなりました。

「文章力を高める」と聞くと、美辞を連ねた文章を書けるようになることをイメージするかもしれません。しかし、**ビジネスの現場で機能する文章に必**

要なことは、わかりやすく、間違いがなく伝わることなのです。

▼ビジネス文章が苦手だと、困っている人は多い

私はよく、研修の冒頭で「文章を書くことに苦手意識がある人は手を挙げてください」と尋ねます。すると、多くの人が挙手されます。その理由を聞くと、次のような答えが返ってきます。

●よくある文章の悩み
・どのようにまとめたらよいか、悩むことが多い
・伝えたいことが多く、文章が長くなってしまう
・簡潔に書くことを意識しすぎて、必要な内容が抜けてしまうことがある
・ビジネスの場に相応しい表現で書くことが難しい
・まとめたり、修正したりするのに時間がかかってしまう

結果的に「伝えたいことが、相手に伝わらない」文章になっているというわけです。しかし、日本では社会人になるまで、文章で情報を伝える技術を学んでいないのですから、いきなり書けと言われても書けないのは仕方がないとも言えます。

小学校から高校の国語の授業では、主に「作文」や「読書感想文」を書きます。そこでの主体はあくまでも自分で、自分が何をしたか、どう感じたかを「表現力豊か」に「イキイキと」表現することを強制されます。教科書やテストでは、文芸作品を取り上げて、登場人物の気持ちや状況を推し測って回答するといった問題が大半です。

文章に苦手意識を持っている人は、国語が苦手だったから、ビジネス文章も当然、自分は苦手だと考える人が多いのですが、ビジネス文章は、あの国語で求められる能力とは異なります。自分の気持ちをキラキラした言葉で表現する必要はありませんし、伝えるのは、とらえどころのないものではなく、まさに目の前にある事実と情報です。何を伝えるべきか目的がはっきりしていて、書き方のパターンもある程度決まっています。

ビジネス文章は、ロジカルに組み立ててパターンに従って書く「技術」と、さらに相手の共感を引き出す「表現力」で差がつきます。この二つを身に付ければ、文章は見違えるように、わかりやすくなります。

本書の前半はロジカルな文章の技術を私が、後半は表現力の高め方を文章コンサルタントの堀内伸浩さんが担当していきます。

たとえば、先に挙げた「報告書」の書き方がまずくて信用にヒビが入ったケース。もしも、報告書の書き方をロジカル・ライティングで書けるようになっていたら、問題に発展することはなかったでしょう。

また、波風が立ってしまった現場では、相手からの疑問やリクエストへの対応のまずさがあったと予想できます。これは、相手の求める答えを的確に返せていないからです。相手の立場に立って書き、説得力を持たせるエモーショナル・ライティングが実践できていれば、やはり、問題は早期に解決できたのではないでしょうか。

企画書や提案が通らないのも同様です。多くの場合、アイデアを届ける技術が欠落しています。すると、いい企画であっても相手には「刺さりません」。これらを改善するのが、私たちがこれからお教えする文章の「技術」の部分です。

▼文章が「評価」につながるのは、コミュニケーションの「鍵」だから

ビジネスのコミュニケーションは、多くが文章で成り立っています。たとえばビジネスコミュニケーションの基本として知られる「ホウ・レン・ソウ（報告・連絡・相談）」。これらも多くは文章で行われます。

「ホウ（報告）」は、メールや報告書としてまとめられます。「レン（連絡）」は、今やほとんどがメールやインターネット上の情報共有システムで行われています。そこでやりとりされるメールやメッセージは、文章です。伝えたい情報を、簡潔に書くことが求められます。「ソウ（相談）」は、今でも顔を合わせて行うことが多いですが、経過を報告し、さらに指示を仰ぎたいときは、メールなどの文章を使うことも多いでしょう。

このように、**ビジネスコミュニケーションは対面から文書へとどんどんと移行しています。**だからこそ、書く技術が身に付いていないとビジネスを円滑に進めることが難しくなるのです。世界の大学や世界最先端のＩＴ企業が働き手に推奨する「21世紀スキル」にも、コミュニケーションは「多様な目的で様々な形式の文書を書く能力とプロセスをモニターする能力」と定義されています。グローバルに活躍する広い視野から見ても、欠かせない力、そこに**「ホウレンソウ」を書いて伝える力が必要**なのです。

文章力は自分の評価アップにも、組織の競争力にもつながる

私は研修で文章力を磨くことのメリットを、「評価が高まることだ」と話しています。人事評価は、企業ごとに様々な方法で行っています。業務によって評価される内容は異なりますが、共通しているのは、**わかりやすい報告書が書けているか、メールで適切に上司に報告や連絡ができているかが、評価に影響していること**です。社内での意思疎通が十分に図れていない人が、評価をされることは、まずないはずです。

仕事を理解し、自分や組織の課題を正しく認識し、それを伝えられているか。文章としてアウトプットされているかどうかを、上司は検討し、評価しています。

顧客との関係性も、メールのやりとりが多い現在では、文章力が左右していると言ってもよいでしょう。情報を整理し、相手に役立つ内容を適切に伝

えることで、信頼性が高まります。その結果、顧客に信頼され、売上が増えたり、競争力を高めたりすることにつながっていきます。

▼じっくり、コツコツ。人の文章を読み、継続した人に文章力がつく

とはいえ、文章力を高めるのは、一朝一夕というわけにはいきません。それは、文章によるコミュニケーションでは「多様な目的で様々な形式の文書を書く」ことが求められるからです。**目的を分析し、情報を整理し、形式や読み手に合わせて表現するといった複数の技術を駆使して書かなければなりません。**

私自身も、情報を整理して構成案を作成し、書き出したあとも再度見直し、知恵を絞りながら書いていきます。書き上がったら文章はプリントアウトし、ペンで赤字を入れ、何度も推敲します。簡単ではありませんが、こうしたプロセスを実行することで仕上がっていきます。

また、書くだけでなく、**文章を意識して読むことも大切です。**たとえば、研修にいらした受講生には、ワークとして相互に文章のレビューを行っていただくことがよくあります。同じテーマの文章をどう組み立て、どう表現しているのか、人の文章を読むことで良い点、改善すべき点が見えてきます。レビューしあい、指摘することで、お互いの文章力が向上していくのです。

文章力は、一生ものの技術です。継続して力をつけていくためのポイントを、このあと、私と堀内さんが解説していきます。どうぞあなただけの文章力を育てていくために活用してください。

第1章
理性に訴える
ロジカルな文章とは

1-1

ロジカルな文章は誰でも書ける

人より評価される文章とは、なにより、「仕事がスムーズに進み、結果が出せる」文章です。

提案内容には大きな差がないのに上司からＯＫが出やすい、あの企画よくまとまっていたね、と評価される人がいます。予算獲得の稟議がスムーズに下りる、企画がぐんぐん通過する、クライアントから仕事を依頼され感謝される、そんな人にあなたもなりたくありませんか？　また、広報や宣伝職の人であれば、企業・商品のビジョンをよりよく伝え、お客様からの反応を増やす文章を書けるようになりたいと思っているでしょう。

仕事にかける情熱はあるのに、「それに見合った評価がされていない……」と悩んでいる方の大半は、伝え方、文章の書き方に問題があります。

仕事を進めるための文章で一番大切なことは、**相手がスッと一読してわかりやすく、コミュニケーションを高める内容**であることです。それは「ロジカル」に書くスキルと言い換えることができます。

日本の国語教育では、ロジカルな文章を書く教育があまり行われないため、社会人になっても多くの人が、要領を得ない文章を書き続けています。苦労してコツを掴んだ一部の人しか、ロジカルな文章力を持ちません。その一部の人たちは、ビジネスで大きなアドバンテージを発揮しています。

しかし、ロジカルな文章は、一度習得すれば誰にでも書けるもの。「文章がうまい」とか「国語が得意」「日本語に対する造詣が深い」などと関係なく、誰にでも手に入れられる「スキル」です。そしてロジカルな文章術をもってすれば、今までより早く仕事が終わり、上司や関係者とのコミュニケーションがスムーズになり、仕事の内容をより評価されるようになります。その、コツさえ掴めれば。

そのコツの伝授は、1〜3章を通じて、高橋慈子が担当して参ります。

上司から返事が戻ってこない理由

社会人になり会社に勤めるようになると、どんな分野の仕事でも、業務に関わる文章を書く機会がぐんと増えます。メールでの伝達事項や日報に始まり、議事録作成、企画書まとめ……文書にする業務は数限りなくあり、電子メールによるコミュニケーションが一般的になった現在では、話す能力よりも文面で仕事を進める能力のほうが、重要とも言われます。しかし、それらの文書をどのように書き、どのように整理するかは、「日本語ができるなら自然とわかるはず」とばかりに、現場まかせのＯＪＴですませ、誰も細かくは教えてくれません。

こういった日々の文章書きは、単に日本語を文字にまとめるだけの作業といえばそれまでですが、それが積み重なって「仕事のできる人」と「仕事のできない人」といった評価の分かれ目になるのが現実です。**評価されるポイントは、「ロジカル」であることです。**あなたが求める結果に向けて効率的な道筋でコミュニケーションを行えば、仕事はスムーズに進みます。逆に、ロジカルでないメッセージは相手を混乱させ、回答を引き出すことができません。

ずばり、あなたがいつも待ちくたびれている上司の返事やクライアントからの返事、それは、あなたの文章が返事を遠ざけているかもしれないのです。

たとえば、こんなことで困っていませんか?

・日報で報告した、A社とのプロジェクトの進捗がかなり厳しい状態なのに、上司は何の指示も出してくれない

・業務で他部署へ送信する指示の内容をまとめたメールを書くのが、いつも大変だ。ものすごく時間がかかり苦労する
・広報業務での原稿を書いているが、いつも修正を命ぜられ、どう直せばよいのかわからない
・まとまった資料の「構成案」や「目次」をつくれと言われたが、どこから手をつけていけばいいのかもわからない

これらの悩みは、ロジカルな文章術を身に付けることで、次第に解消できます。

1-2 ロジカルでなければ仕事にならない時代

ロジカルな文章を書くには、まずロジカルな考え方を知っておく必要があります。ここ十年以上、「論理的思考」という意味の「ロジカルシンキング」という言葉が、ビジネスの場で注目されています。書店のビジネス書コーナーに行くと、『〇〇分でわかるロジカルシンキングの基本』『米国流ロジカルシンキング』『ロジカルシンキングで仕事がうまくいく!』といったタイトルがずらりと並んでいます。また、中堅社員向けにロジカルシンキングを取り入れた研修を実施している企業も増えました。論理的思考がそこまで注目されるのは、一言で言えばそれが**「伝えたいことがうまく伝わり」「仕事が効率的に進められる」**からです。逆に言えば、これまでのビジネスは、そこまでロジカルで効率的に行われていなかったとも言えるかもしれません。そのため、ロジカルシンキングは、まだまだビジネスパーソンが当たり前に会得できるものにはなっていないようです。

なぜ今、そんなにロジカルシンキングがブームなのでしょうか。端的に言うと、社会の変化とグローバル化が進んだからです。

▼ビジネスの環境変化がロジカルであることを求めている

1970年代から1990年代半ばまでの右肩上がりの経済成長の時代なら、品質の良いものをほかより安くつくれば、日本製品は世界中でよく売れました。

バブル崩壊から空白の20年を経てリーマンショックが起こり、経済成長が鈍くなった2000年以降、「選択と集中」が世界のビジネスではキーワードとなりました。これは、強い部分に集中をして、再構築することを意味しています。

そして現在、市場がグローバルになり、ものづくりに「サービス」の考え方が必要と言われる時代になっています。ただものをつくるだけでは売れず、そこにサービスを付加すること、「サービスデザイン」が求められるようになりました。お客様が何を考え、どのようなものを求めているのかを知り、相手が求めるサービスを提供するには、論理的に話を進める必要があるのです。

▼読み手が多様化しているから、ロジカルでないと伝わらない

もう一つ、グローバル化が進み、市場と仕事の仲間が世界中に広がったことも要因です。「ＫＹ（空気読めない）」という言葉がかつて流行ったように、日本は空気を読んで行動したり、発言したりすることが求められる社会でした。同じような知識や経験を持つ人々だけで暗黙の了解のもと働くことが当たり前だった職場は、今や多数の国から集った、文化や考え方、生活習慣、仕事の仕方が異なる人々と業務を進めていく職場にシフトしてきています。

1-3
ロジカルな文章に必須の「論理的思考」とは

製品やサービスを利用するお客様も欧米からアジア、新興国へと広がっています。異なる背景を持つ人と理解しあうには、伝えたいことをロジカルに、明確に伝える力が必要になってきます。

「なぜ、そう考えるのか」「具体的にはこのように考える」といった、ロジカルな説明がなくては、説得できません。そうした多様な相手とコミュニケーションするために、ロジカルな考え方、伝え方のスキルが必要になってきたというわけです。

▼人の思考は、放っておくとあちこち迷走する

論理的であることとは、人間の自然な状態ではありません。人は、放っておけば、頭の中であれこれ「ものを考える」ものの、浮かんでは消えて思考はまとまることはありません。

ロジカルに「ものを考える」状態とは、頭の中にあるばらばらの情報を整理し、意味づけする行為です。**散らばっている情報を取捨選択し「筋道を通した状態にまとめあげる」こと、それが論理的思考です。**そして、論理的な筋道は、意識してつくらない限り、つくられることはありません。

私たちは、目が覚めているときは常に何かを考えています。仕事をしているときも、「時間までに資料が出来上がらないかも……。困ったな……」と考えながら、「今日のお昼は何にしようかな。カレーがいいかな。新しくできた評判のパスタの店にしようかな」など、様々な考えが浮かんでは消えている状態です。

こんなふうに人の思考は、まとまっていない状態であり、あちこち迷走しがちです。

ランチに何を食べるかなら、自分の知っているお店情報と、自分のお腹の空き具合という限定的な情報から、比較的すんなり決定できることでしょう。しかし、仕事の資料を完成するためにどうすべきか、何を盛り込めばより良い資料になるかは、そう簡単に考えがまとまらないかもしれません。資料作成に必要な情報は膨大ですし、構成をまとめるにも、自分の事情とは関係のない様々な事情を考慮しなければなりません。だからこそ、入ってきた情報をある意図をもって整理し、筋道を付ける、論理的思考のスキルを養う必要があるのです。

▼一言で表すと、「筋道が通った考え方」

誰でも、知らない場所まで行くときには、あらかじめ経路を調べます。調べずに動き出したらどうなるでしょう？　どの鉄道に乗るのか、駅からはどう行くのか、行き当たりばったりでは、あちこち迷って時間がかかる上に目的地に辿り着けないかもしれません。

経路検索アプリを使ってあらかじめ調べておけば、確実に目的地に行き着けますし、複数の方法があったら時間やかかる費用などを比較して自分に合った方法を選択して、無駄な時間とお金を使わずに行けます。

たとえるなら、筋道の通った考えとは、文章を書くための経路検索です。目的地がはっきり見えており、最短の経路がクリアになる状態が、論理的思考です。

文章のロジックにも簡単に経路検索できる便利なアプリがあればいいですが、今のところそういったものは登場していません。だからこそ、論理的な思考をするためのロジカルシンキングのスキルを身に付けたいと思う人のために、書籍や研修が登場しているのでしょう。

人は誰しも、「思い込み」を持っているもの

人の考えのもう一つの特徴は、誰しも経験から得た「思い込み」があるということです。これは人間が生きていく上で、危険を察知し事前に回避するために必要な本能として備えているのでしょう。たとえば、美味しい貝でも、それを食べて何度も食あたりにあった人は「この貝はダメ」という思い込みを持って、よっぽどでなければ食べなくなるでしょう。良い意味で言えば、経験から来る教訓のようなものです。

しかし、思い込みが可能性を狭め、問題解決の足かせになることもあるのです。

「顧客の○○会社は、うちの製品の低価格帯のものしか購入してくれない」という考えに捕らわれていたら、相手の業務に有効な製品を最初から除外してしまうことになりかねません。業務に役立ち、利益につながるような提案ができれば、相手は購入を検討してくれるかもしれないのに、自ら可能性を

消してしまうのです。

また、「これまで提案には、先輩がつくったこの資料を使ってきたから、自分が大きく変える必要はない」。これも思い込みと言ってよいでしょう。現在の状況に合わせた、より良い提案にはならないかもしれません。

「思い込み」は、「思考停止」にもつながります。「今まで、これでやってきたから……」と、考えることをやめてしまいます。しかし、新たな道筋をつくらなくては、進むべき目的地には到着しない場合があります。**思い込みを取り払い、思考停止に陥らないようにしましょう。ロジカルシンキングでは、このような発想の方法を「ゼロベース思考」と呼びます。**

▼考え方の技法、それが「ロジカルシンキング」

あちこち迷走する思考を整理して、効率的に道筋をつくる技術。これがロジカルシンキングです。

ビジネスの場では、ビジネスに通用しやすい考え方があります。自己流でゼロから考え、アウトプットするのは効率的ではありません。ビジネスの相手に伝わりやすい考え方を活用する。そうした考え方の技術を身に付けましょう。テンプレートやフレームワークといったビジネスにフィットした決まった枠組を、まずはどんどん利用しましょう。

使いやすいロジカルシンキングの枠組を使えば、自分の考えを整理し、相手に効果的に伝えることができるようになります。身に付いたロジカルな思考は、ライティングだけでなく、プレゼンテーションにも役立ちます。組織の課題を整理し、改善するための方策を考える問題解決にも活用できる、応用力の高いスキルです。

1-4 「論理（ロジック）」の組み立て方

論理的に考えて、文章表現にする意味と重要性がわかったら、ロジックの組み立て方を理解しましょう。このロジックの組み立てこそが肝。簡単なものではありません。なぜなら、目的と相手に合わせたロジックは、決まった正解があるわけではありません。何をポイントにして道筋をつくっていくかに、自分なりの経験、知識が生かされるからです。だからこそ、**相手を説得できるロジックを組み立て、文章を書けることは、その人の強みや評価につながっていくのです。**

ただし、論理の組み立てをゼロから考える必要はありません。ここではもっとも基本的な二つのフレームワークを使って、効率的にロジックを導き出す方法を紹介します。基本を理解したら、2章、3章で実際のビジネス文書に応用していきます。「フレームワーク」という言葉に馴染みがない方も多いと思いますが、ご安心を。手持ちの情報を整理するための整理ボックスのようなものを考えておけば十分です。

誰に、何を、何のために伝えるのかを明確にする

ロジックを組み立てるステップの最初にすべきことは、「読み手」「目的」を明確にすることです。わかりにくい文章は、誰のために、何を伝えたいのかが整理されていません。最初に意識しておかないと、ぶれていってしまいます。**「誰に＝Who」「何を＝What」「どのように＝How」を分析し、書き出しておきましょう。**（図1－①）

ビジネスの場では、関係者間で読み手や目的の認識が違っていることもあります。たとえば、製品カタログを作成するときに、そのカタログを誰に読

Who　読み手は誰なのか

What　何を伝えるのか

How　どのような影響を与えたいのか

図1-①　誰に（Who）、何を（What）伝え、どのように（How）なってほしいのかを明確にしておく

んでもらい、何に使いたいのかは、立場によって異なります。製品開発の技術者であれば、いかに素晴らしい技術を使ったのかを伝えたいと言うものですし、営業担当は他社製品と違う点を訴えて買ってもらえるようにアピールしたいと考えるものです。それらが整理されずに紙面に並んでいたら、読み手を説得することはできません。読み手は、その製品を使うことで、自分の会社、業務の課題が解決され、メリットがあるのかを知りたいからです。

そうした相手の視点でロジックを組み立てるには、読み手と目的を知ることが

大切です。関係者で議論し、共通認識をつくっておくことで、ぶれのないアウトプットができます。

▼ロジカルシンキングのツール「ロジックツリー」を使う

読み手や目的を分析したら、次にロジックを組み立てます。多様な情報を整理して、ロジックの組み立てを効率的にするために、ロジカルシンキングでは情報整理のツールが用意されています。情報を整理して、文章としてアウトプットしていくときに役立つのが「ロジックツリー」です。

その名前のとおり、木の幹から枝と葉を広げていくことで、全体を見渡せるようになります。**ロジックツリーは、頭の中にある考えを「見える化」するための道具と言えるでしょう。**

一般的に3階層くらいで整理します。アイデアを広げていく段階と違い、筋道を立てるためのツールですから、シンプルに全体が見渡せるようにつくっていきます。

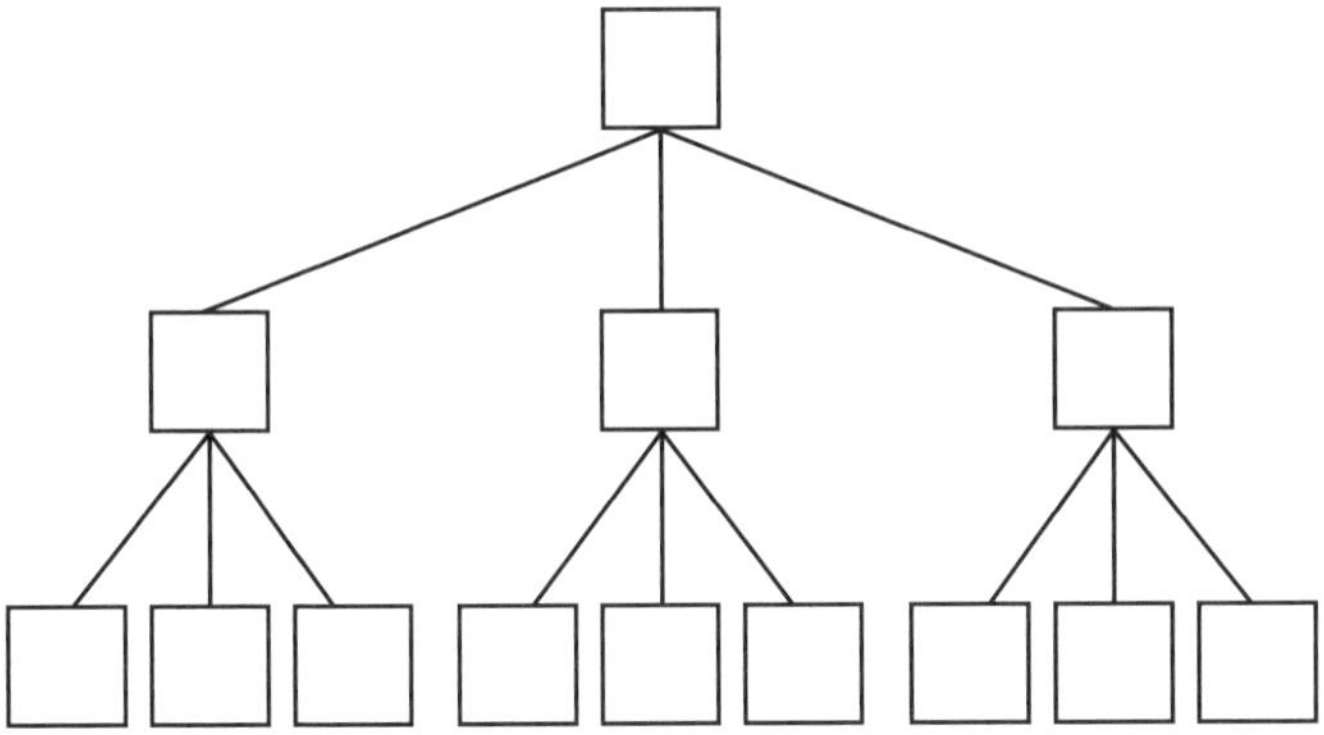

図1-② ロジックツリー。ばらばらの情報をグループ化し、階層化することで、全体像やポイントが何なのか、その関係性が見えてくる

▼まずは上から下へ。順に枠に書いていく

ロジックツリーを作成するときは、**最初に一番上にある枠に、何を伝えたいのか「趣旨」を書き入れます。**できるだけ具体的に書くことがポイントです。たとえば自社製品の提案書のロジックツリーをつくりたいなら、「○○会社に製品△△を提案して、導入検討してもらう」というように、行動につなげていくように書くとよいでしょう。

ロジックツリーは、手書きで組み立てていくのが最も簡単です。チームでまとめていくなら、ホワイトボードに書くのもよいでしょう。私たちの会社では、枠を書く代わりに、5センチ四方の付箋紙を使って書き入れ、A2判くらいの大きめの紙に、ツリーの形に貼っていくといったつくり方をするときもあります。場所を移動したり、入れ替えたりができるので便利です。

▼第2階層は、読み手の関心を並べる

ロジックツリーの第2階層は、**趣旨を支えるポイントを三つから四つ並べていきます。**このときに、読み手は何を知りたいのか、どう伝えたら説得できるのか、読み手視点で書き出すことが重要です。書き手のロジックでなく、読み手の知りたいこと、ニーズに合わせたロジックにするということです。読み手の疑問の形で書くとよいでしょう。

たとえば、新サービスを提案するときに、書き手のロジックで組み立てると「開発の背景」「新機能の特長」「機能の詳細説明」といったポイントを書

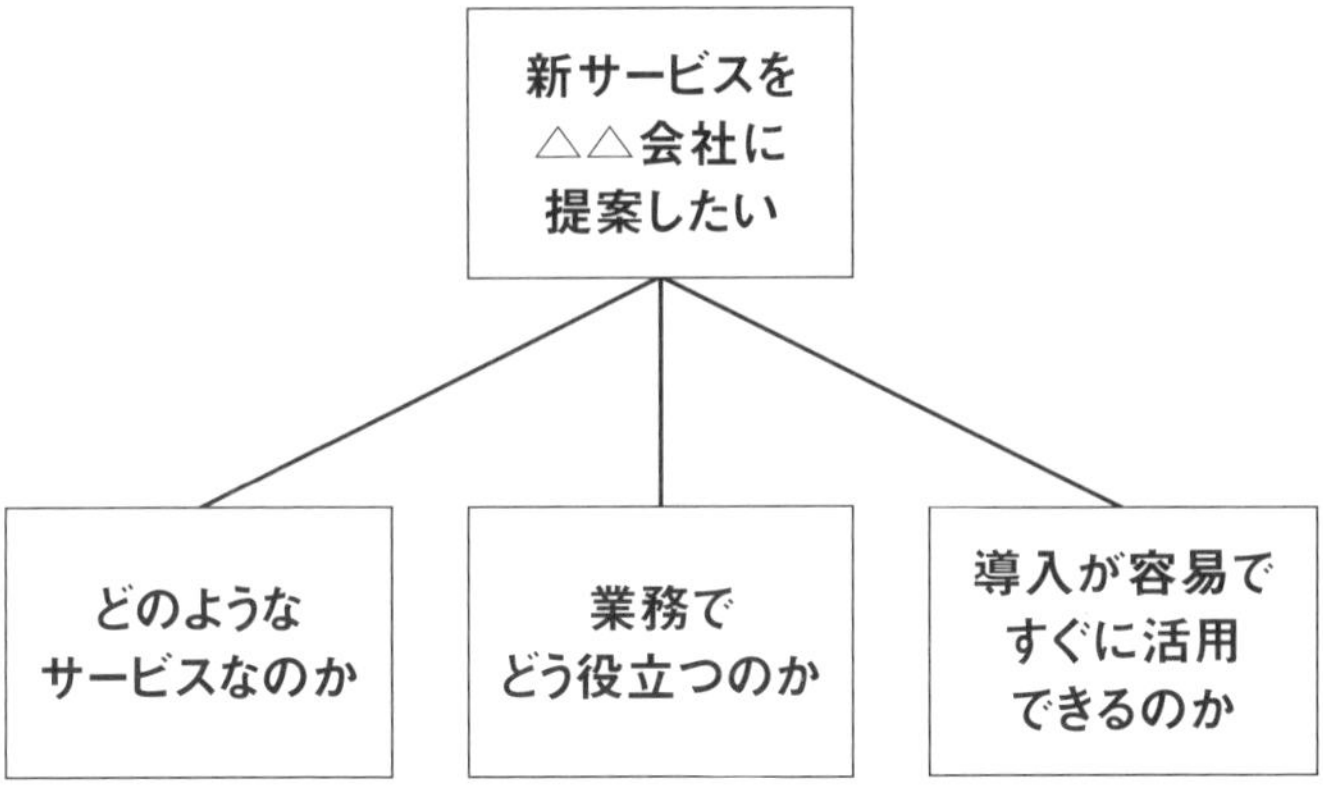

図1-③　ロジックツリーの第2階層は、読み手の疑問に答えるようなポイントを配置する

き出しがちです。技術資料としてはこれでも通用しますが、提案書としては説得力に欠けます。そこで図1－③のように読み手視点で組み立てます。

▼第3階層は具体的な情報で裏付けていく

ロジックツリーの第3階層には、**第2階層で書き出したポイントごとに、裏付けとなる事実をまとめていきます。**たとえば、図1－③のロジックツリーなら、第2階層の一つ目のポイントの「どのようなサービスなのか」の下位階層には、「クラウドで提供する業務支援サービス」「営業、販売、会計業務で使える」「それぞれがデータ連携している」といった具体的なサービス内容を書き出します。

ここでほかのポイントの内容と混在しないように整理していきます。「アカウントごとに月単位で契約できて低コスト」という特長なら、第2階層の書き方を変えて三つ目のポイントの「導入が容易ですぐに活用できるのか」の下位階層とともに整理します。**同じような内容が重複しないようにし、ポイントに合わせた納得感のある事実が揃うように留意して書いていきます。**

▼典型的なロジックツリーを流用する手もある

先に述べたように、読み手を説得するロジックツリーを新たにつくるのは簡単ではありません。ロジカルライティングの研修でも、「業務の中で、どのようにロジックツリーをつくったらいいのか悩みます」といった感想を受けることもあります。

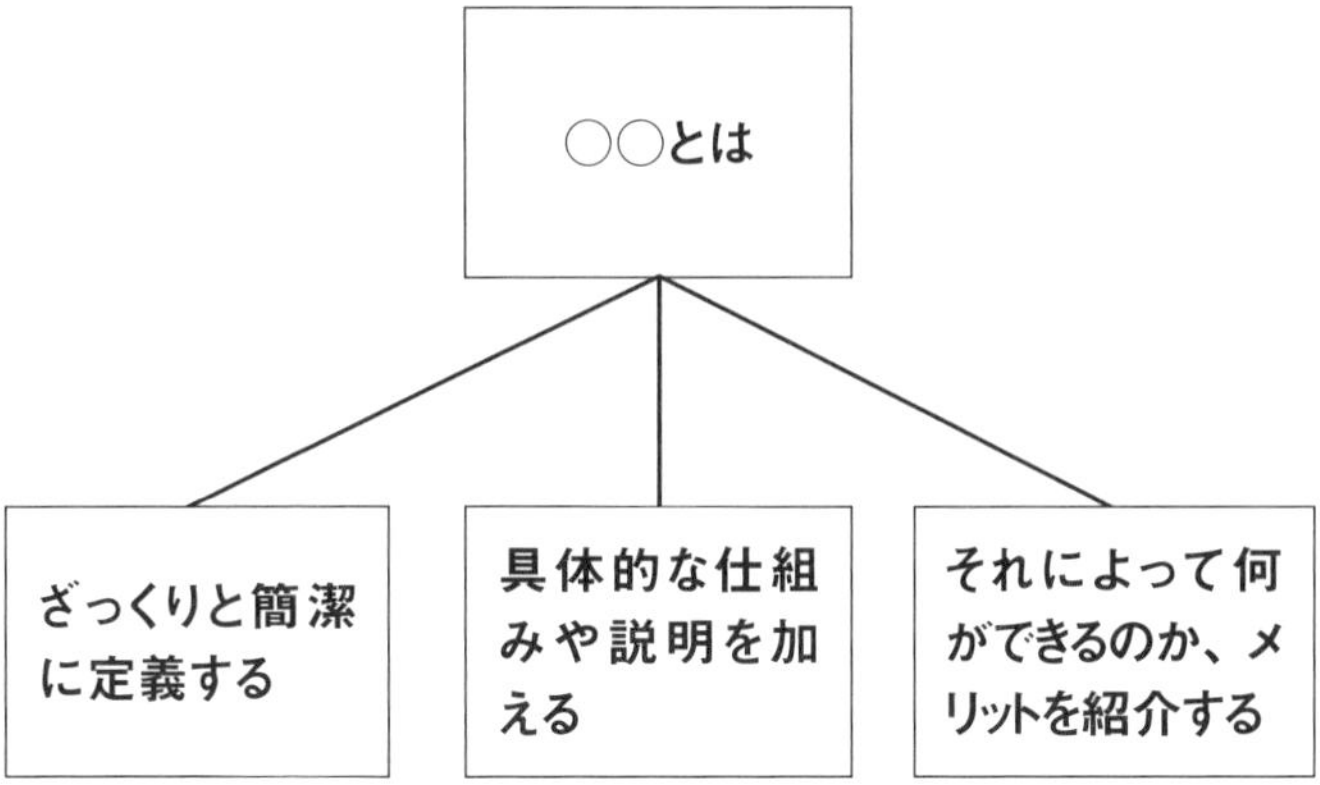

図1-④　「用語説明」のロジックツリー

そんなときは、**まずはよく使われる典型的なロジックツリーを使って文章を書くことをおすすめします。**第2階層の枠に書くべきポイントが決まっていれば、その下の階層にどのような情報を加えていくかに集中できます。

そのようなロジックツリーの一つを紹介します。「用語説明」は、論理的に文章を書くトレーニングのテーマとして適した題材です。200文字前後でまとめればライティングの時間があまりかからず、手軽に取り組めます。

用語説明の読み手は、その用語の意味

を知らない、理解したいという人です。もう少し詳しく設定するなら、一般のビジネスパーソンと考えるとよいでしょう。200字程度でまとめるなら、その用語の意味を、一般的にざっくりと理解できるようにすることが目的となります。一般のビジネスパーソンに、新しい用語を説明するなら、図1－④のようなロジックツリーを使うとよいでしょう。

▼書き始める前に「見える化」しておくことでスピードアップする

どのようなロジックを組み立てるにせよ、ロジックツリーをつくることで、ロジックを「見える化」することができます。**全体を俯瞰できるようにしておくことで、筋道がはっきりします。**いわば地図や設計図をつくっておくようなものです。

「文章を書くことが苦手で時間がかかってしまう……」と悩んでいる人ほど、書き始める前の情報整理をせずに、いきなり書き始めることが多いようです。

経路を調べないで、いきなり歩き始めるのと同じです。

効果的に、効率的に目的地に辿り着き、読み手を案内するために、ロジカルな構成を組み立てましょう。

1-5 ロジカルな文章は3ステップで書いていく

いま紹介したロジカルシンキングのフレームワークを利用して、情報収集、整理、アウトプットの三つのステップで文章を書きます。それぞれのステップで、論理的に情報や考えをまとめて、わかりやすい流れのある文章をつくり上げます。

①情報収集＝インプット

一つの情報収集方法に制限せずに、**複数の情報源から情報収集する**ことがポイントです。ネットでだけ調べて終わりでなく、読み手に近いところで情報を得ることが大切。読み手のニーズを引き出します。思い込みに捕らわれ

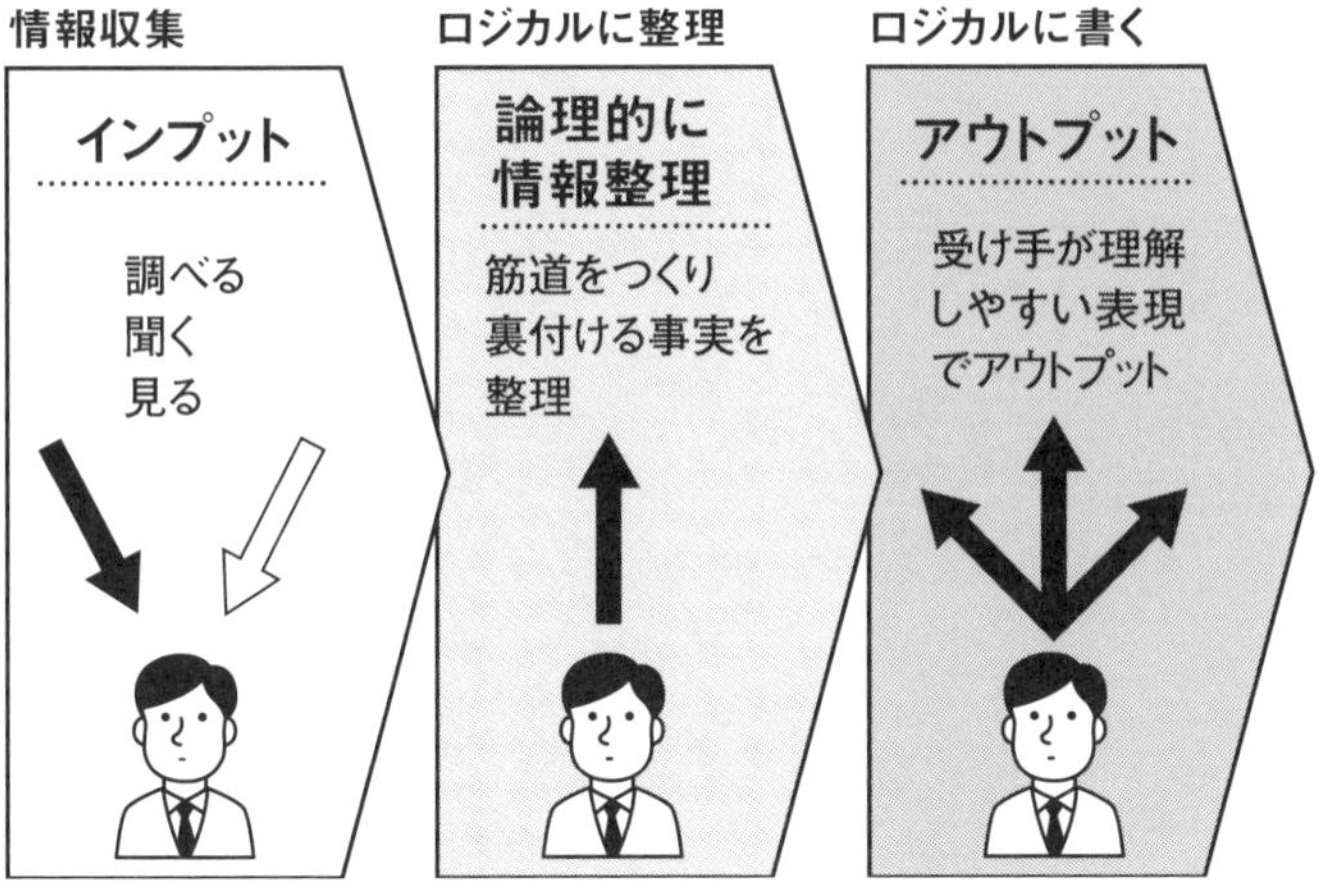

図1-⑤　三つのステップで情報をロジカルに組み立てアウトプットしていく

ずにゼロベース思考を活用し、可能性を広げることも大切です。

②ロジカルに整理＝論理的に情報整理

集めた**たくさんの情報を論理的に整理します。**グループ化したり、階層化したりして整理します。ロジカルシンキングでは、フレームワークと呼ぶビジネスでよく使う整理の枠組みやツールを使って、情報を整理することもあります。ロジックツリーもフレームワークの一つです。

③ロジカルに書く＝アウトプット

整理した情報は、**目的や読み手に合わせた内容**でアウトプットします。一目でロジックがわかるような文章にまとめ、文と文のつながりもロジカルになるように留意します。さらに文章表現は読み手に合わせて理解しやすく工夫します。

この章のまとめ

①ロジカルな文章を書くためにはロジカルシンキングを用いる
②ロジカルシンキングの技法、「読み手と目的の明確化」と、「ロジックツリー」を理解する
③ロジカルな文章を書くには「情報収集」「ロジカルに整理」「ロジカルに書く」という三つのステップで進める

第2章
相手を動かす、ホウレンソウで生きる文章
〜報告書、連絡メール、相談メール〜

2-1

ビジネスの基本「ホウレンソウ」は、文章で差がつく

ビジネスコミュニケーションの「基本のき」である「ホウレンソウ」。「報告（ホウ）、連絡（レン）、相談（ソウ）」を意味しています。現在のビジネスの場では、相手に口頭でこれらを伝えるより、文書で提出したり、メールで送ったりすることが増えています。したがって、ビジネス文書やメールの「文章」の書き方によって、コミュニケーションがより良く行えたり、逆に意図が伝わらずにお互いのストレスにつながったりもするのです。さらに、伝え方の善し悪しは自分自身の評価にも大きく影響しますから、率先して磨くべきスキルに違いありません。

現代の「ホウレンソウ」は、文章をいかにわかりやすく書けるかにかかっています。相手が理解し、行動につながる「筋道」を組み立て、わかりやすく伝える文章のコツを掴みましょう。2章では、1章で紹介したロジックを組み立てるフレームワークやツールを使い、実際に文章を書いていきましょう。

▼単に伝えるだけではダメ。使える文章は、相手を動かす

「報告、連絡、相談」は、業務をスムーズに進め、次の一手を効果的に打つために情報共有するものです。**単に状況を書き連ね、自分の気持ちを述べるだけでは次の行動にはつながりません。**

また、いつも近くにいる先輩や上司が読むからといって、「これはすでに伝えた。わかっているだろう……」と事実や具体的な情報を省いていたら、確認すべき情報が不足するかもしれません。「これ、いつのことかな?」と確認する余計な手間や時間を、読み手にかけさせてしまうかもしれません。

必要な情報が簡潔にまとめられている文書やメールは、次の行動にすばやくつながります。わかりやすい報告書は、上司を安心させ、的確な指示を受けることができます。適切な連絡文は、関係者の仕事をスムーズに進めてくれます。筋道を立ててまとめた相談メールなら、適切なアドバイスをもらえ、トラブル解決につながることでしょう。業務がスムーズに進み、自分にとっても、関係者にとっても仕事が進めやすくなります。

▼わかりにくい「連絡メール」から、問題と改善案を洗い出そう

そんな「相手を動かす連絡メール」を書くべきだと頭では理解していても、いざ、書くとなったら、どうすればいいかと悩んでしまうこともあるでしょう。さあ、ここからは実践です。

まずは、図2－①に示した、要領を得ないメールを集中して読んでみてください。そして、5分間で良くない点を考え、ノートなどに書き出してくだ

件名：打ち合わせの件

グループミーティングで指示を受けた件なのですが、先方の田中さんに確認したところ、関係者に確認しなければならない点があるということだったので、待っています。それから、次回のミーティングの日程ですが、これも調整中です。先輩の都合はどうでしょうか。

お忙しいところすみませんが、ご返信のほど、何卒よろしくお願い申し上げます。

鈴木

図2-① わかりにくい「連絡メール」の例

さい。5箇所以上の改善点を理由とともに書き出すのが目標です。

「人の振り見て我が振り直せ」と言われるように、ほかの人の文章については、良くない点が目に付きやすいものです。「このように書き換える」という指摘は、書き直しをする作業そのものよりも、どこが良くないか、その理由を考えることがポイントです。理由を説明して書き出すことも、文章を書くためのアウトプットの力を養います。

▼わかりにくい文章、ここが問題

いかがでしたか？　以下のような指摘ができましたか。抜けていた指摘があったら、確認しておきましょう。

□件名があいまい。目的がわかるように具体的に書く
□あて先が書かれていない
□誰が書いているのか、発信者を最初に書く
□1文目の文が長く、読みにくい
□指示を受けた件とは何かがわからない。具体的に書く
□先方の田中さんの所属が書かれていない
□「打ち合わせ」「ミーティング」「グループミーティング」と似た語句が混在している。同じ内容を指すなら、統一する
□田中さんは何を確認しているのかを具体的に示す
□次回のミーティング日程を調整しやすいように、候補を提示して指定して

もらう

□改行が少なく読みにくい。二つの内容の区切りで改行したり、空白行を入れたりして読みやすくする

□最後の文は前半が話し言葉で、後半は丁寧な表現。一つの文の中で、丁寧さが統一されていない

□最後の文の後半は、社内メールとしては丁寧すぎる表現になっている

□どこの鈴木さんなのかわからない。所属と氏名を署名として書く

全体的に何が言いたいのかがわからないメールになっていました。改善した例は、図2－②で解説しますので、参考にしてください。

業務上のメールでは、こう書かないと間違いというルールや正解はありません。ただし、ここで実践したように、**わかりにくい理由を指摘する際は、相手にその意図がわかるように、指摘そのものもわかりやすく伝えることも**

件名：［要確認］定例ミーティング日程と進捗報告

関係者各位

企画課の鈴木です。
次週、○○グループ定例ミーティングの曜日と時間が変更になります。以下のいずれかのご都合を、明日、ＸＸ日17時までを目処にご返信ください。調整して連絡します。
　Ｘ月ＸＸ日（水）　16時〜18時
　Ｘ月ＸＸ日（金）　15時〜17時

また、前回、指示を受けた仕様変更に伴う納期については、ABC株式会社開発部　田中様に確認中です。わかり次第、報告いたします。

＊＊＊＊＊＊＊＊＊＊＊＊＊
○○株式会社　開発部製品企画課
鈴木一郎
XXX-XXXX-XXX
＊＊＊＊＊＊＊＊＊＊＊＊＊

図2-②　わかりにくい「連絡メール」の改善例

大切です。わかりやすく指摘できれば、第三者の文書やメールのレビューもできるようになります。それは、今後、後輩の指導にも即活用できますから、組織全体の文章の質の向上が実現します。

図２－②が改善した例です。このメールの目的は、二つあります。

ミーティングの日程を調整することと、先輩から指示を受けている件の報告です。

指示を受けた報告内容は確認中です。従って、まず返信してもらうべきことは、次回ミーティングの日程の都合です。

重要な内容を先に書きましょう。目的を達成しやすくなります。また、相手が返信しやすいように、候補を書いておくと効率的です。

さらに、**返信の期限も提示しておきます。**これで自分の次の仕事の流れもつくっておけます。相手の手間をかけずにしてほしいことをしてもらうようにし、自分の次の仕事につなげていく。メールをこのように働かせることで、仕事のスピードアップが図れます。

2-2 読み手と目的を示す二つの「W」と一つの「H」を明確にする

第1章では、わかりやすく、行動につながるビジネス文書を書くために、「誰に（Who）」「何を（What）」「どのように（How）」を明確にすることが重要だと説明しました。この**二つの「W」と一つの「H」は、ロジックの組み立て方や表現を決めるための前提条件となる**からです。「ホウレンソウ」メールはいきなり書き出さず、まず、二つの「W」と一つの「H」を整理するところから始めます。

私の経験では、わかりにくい文章を書く人は、この2W1Hが明確にできていない人が大半です。ビジネス文書の研修でワークショップをしたり、課題として提出された文章を読んだりしていると、「この文書は、２Ｗ１Ｈを分析しないままに書き始めたのではないかな？」と思うことがあります。前提条件がずれていると、文章そのものの目的を達成できず、相手が必要とする情報の漏れが出てしまいます。

文章の読み手や目的は、ビジネスの場面ごとに変わります。何を伝えるべきか、どこに優先順位を置くかを、その時々で考える必要があります。とはいっても、よく使われる文書やメールについては、ある程度、共通していますから、そのポイントとなる考え方を身に付けておけば、自分なりに調整することができるようになるでしょう。

次に「ホウレンソウ」でよく使われる文書の２Ｗ１Ｈを紹介します。参考にしてください。

Who	上司。 場合によっては上司のさらに上長も読む
What	その日に何を達成したか。 何が課題として残っているか
How	組織として何にどう取り組むべきか、指示を受けやすいようにする

▼報告書（日報）の2W1H

様々な目的で書く報告書の一つ「日報」は、タイトルが示すように、まさにその日に何をしたのかを上司に報告するための文書です。日報の「誰に、何を、どのようにしたいのか」は、以下のように整理できます。

日報をつくる目的は、上司が業務の内容を確認し、次の日以降の業務が円滑に進むように確認し、指示を出すための検討資料にすることです。

「誰に（Who）」は、直属の上司だけを想定するのではなく、課長や部長といった上長が読むことも想定範囲にします。「直属の上司ならわかるだろう」と事実を省略しすぎると、「何を言いたいのか、わからない」と言われる報告になってしまいます。**必要な情報は、簡潔にまとめて書きます。**

「何を（What）」は、その日にしたことを書き連ねるのでは、ただの日記になってしまいます。また、達成できたことだけを書くのも不足です。上司は、**むしろ何が課題として残っているのかを知りたい**ものです。それによって、適切な次の一手を講じたり、支援をしたりすることができるからです。

「どのように（How）」では、**課題にどのように取り組もうと考えているのかを自分なりにまとめて書きます。**「どうしたらいいでしょう。指示をください」といった受け身の報告書にならず、自分の考えや能力をアピールする報告書になります。

Who	洗い出した関係者
What	行動を起こしてもらうために必要な情報を伝える
How	具体的に書き、行動を起こしてもらいやすいようにする

▼連絡メールの2W1H

連絡メールの目的は、連絡事項を伝えることによって、相手に何か行動を起こしてもらうことです。たとえば、前述のメールのようにミーティングの日程を調整したいのならば、「都合がよい日程を知らせてもらう」ことが目的となります。

「誰に（Who）」では、**関係者を洗い出しましょう。**連絡メールで「情報共有すべき範囲はどこまでか」を検討します。ミーティングの日程調整を一人ずつ別々に送り、返信を読んで調整するのは時間がかかり非効率です。関係者を洗い出し、一斉に同報で送れば、互いの状況を共有しながら、日程を調整しやすくなります。

「何を（What）」は、**次の行動を想定し、そのために必要な情報を書きます。**「知っているはず」と省略せず、具体的に提示することがポイントです。「あの件」「先日の例の問題について」というように、指示語を使うのも好ましくありません。確実に互いに情報を確認できるよう、具体的な情報を盛り込みます。

「どのように（How）」では、**何をいつまでにしてほしいのかを提示します。**たとえばミーティングの日程調整ならば、「都合の悪い日、あるいは都合の良い日を、XX日X時までに私に連絡してください」と期限を書いておくとよいでしょう。

Who	相談相手と、場合によっては関係者
What	相談内容に関する状況と問題は何なのか
How	自分なりの解決方法を書き、より良い解決方法をアドバイスしてもらいやすいようにする

▼相談メールの2W1H

相手と顔を合わせて双方向でやりとりしながら解決方法を探る「相談」は、メールや文書だけでは済まないことが多いものです。基本は直接、話しますが、**事前に相談メールを先輩や上司に送信しておけば、状況が相手に伝わった状態で話ができるので相談が効率的になります。**

また、文章にまとめることで自分の中で状況が整理できるのもメリットです。相手にもわかりやすく状況を伝えることができるでしょう。

事前の相談メールを想定すると、二つの「W」と一つの「H」は以下のようになります。

「誰に（Who）」は、相談する相手が主となります。先輩や上司が相手になるでしょう。ただし、場合によっては、関係者に回覧することもあり得ます。**第三者も読むことを想定して、書くことが大切です。**それによって、より良い解決策が見いだせる可能性ができます。

「何を（What）」は、**相談したい内容の状況を整理して書きます。**感情にまかせて書き手のロジックで書き連ねるのではなく、状況を整理して書きましょう。「いつ」「どこで」「誰が」「何を」「なぜ」「どのように」と情報の内容を整理するフレームワークの5W1Hで整理します。場合によっては、経過を順にまとめましょう。ただし、仔細なことをすべて書き出すのではなく、全体像を理解するための筋道と、それを支える事実を取捨選択して伝えるようにします。次の節で説明するようにロジックツリーで整理してから、書き始めましょう。

「どのように（How）」では、**自分が考えている解決方法とどのようにサポートしてほしいのかを書きます。**より良い解決方法をアドバイスしてもらいやすいように書きましょう。

先ほど記述した、事実を確認するときに使われる「5W1H」、覚えていますか？　再確認しておきましょう。またビジネスでは、もう一つのHである「いくらで（How much）」が含まれる場合があります。予算や費用、金額に関する情報も目的によっては、確認しておくべき重要な情報です。

When　いつ　…日時
Where　どこで　…場所
Who　誰が　…氏名や所属、必要に応じて役職
What　何を　…対象

2-3

Why なぜ…理由
How どのように…方法
+
How much いくらで…金額

報告、連絡、相談の構成をロジックツリーで組み立てる

二つの「W」と一つの「H」を整理しても、まだ報告書やメールを書く段階にはありません。次に、文章の構成を組み立てます。ここで、1章で解説した「ロジックツリー」を使っていきます。

「報告」「連絡」「相談」のそれぞれについて、図2－③～図2－⑤で示す一般的なロジックツリーを参考に、どのような内容を書くか、ポイントを絞りましょう。

第1階層には、その文章によって達成したいことを記入します。第2階層は、相手が何を知りたいのか、どのように筋道を立てると理解しやすいのかを意識して情報を整理します。

▼報告書（日報）のロジックツリー

報告書では、「何を、どのようにしたのか」が、相手にすばやく伝わるように構成を組み立てます。全体を見渡せ、読み手が必要な情報を再確認しやすいように構成しておくことが重要です。それによって報告を受けた上司や上長は、報告書の中で確認すべき箇所と指示をすべき箇所を、読み分けることができます。何ができていて、何が課題になっているかが整理されていれば、業務の指示がしやすく、次の行動につながっていきます。

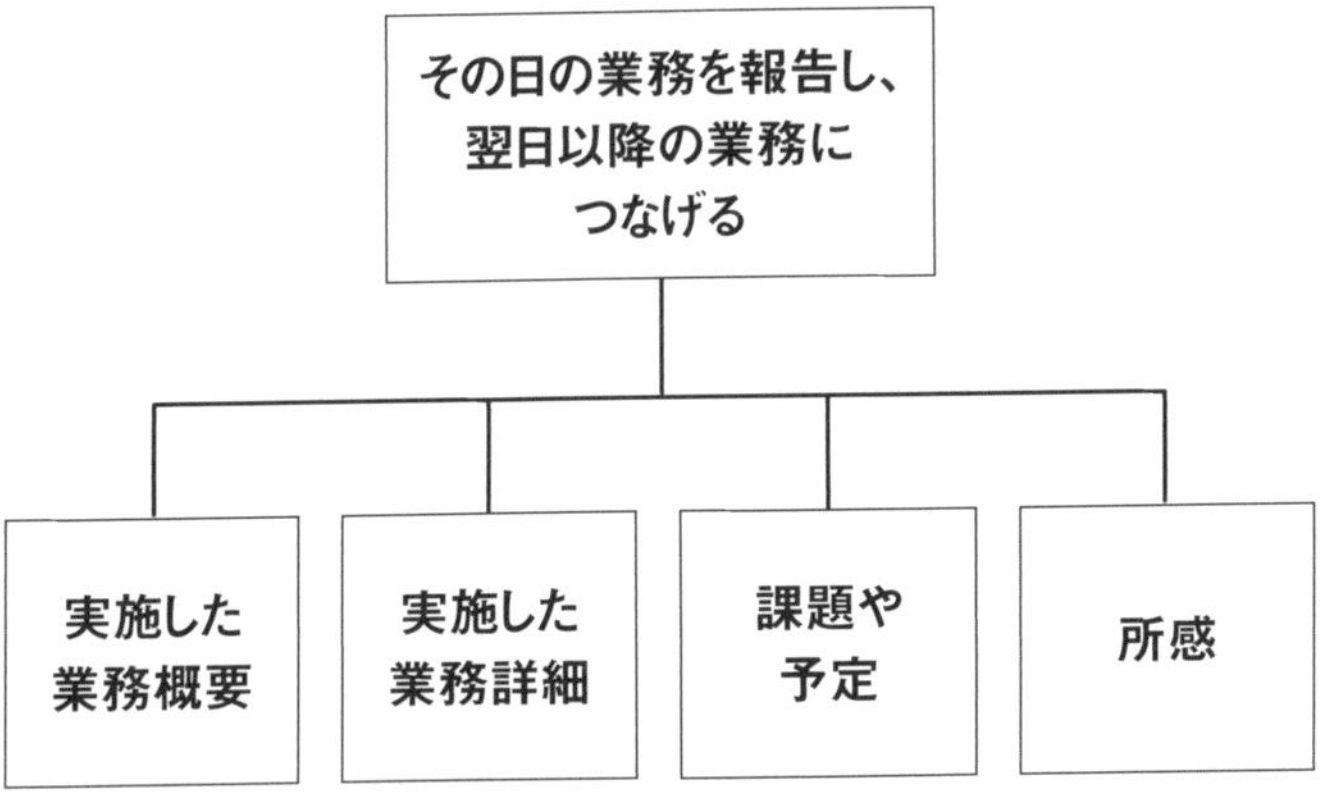

図2-③　報告書（日報）のロジックツリー例

ロジックツリー例の図２－③を見てください。第２階層に、報告書で使いやすい四つのポイントを示しました。

一つ目のポイントである「実施した業務概要」に、報告すべき業務を箇条書きでまとめましょう。これによって、上司など読み手は部下が何をしたのかをぱっと見て把握できるようになります。

二つ目のポイントでは、一つ目のポイントで箇条書きにした業務を具体的に報告します。何を、どのように行ったのか具体的に書きましょう。

三つ目のポイントでは、課題や今後の予定を書きます。積み残しとなっている

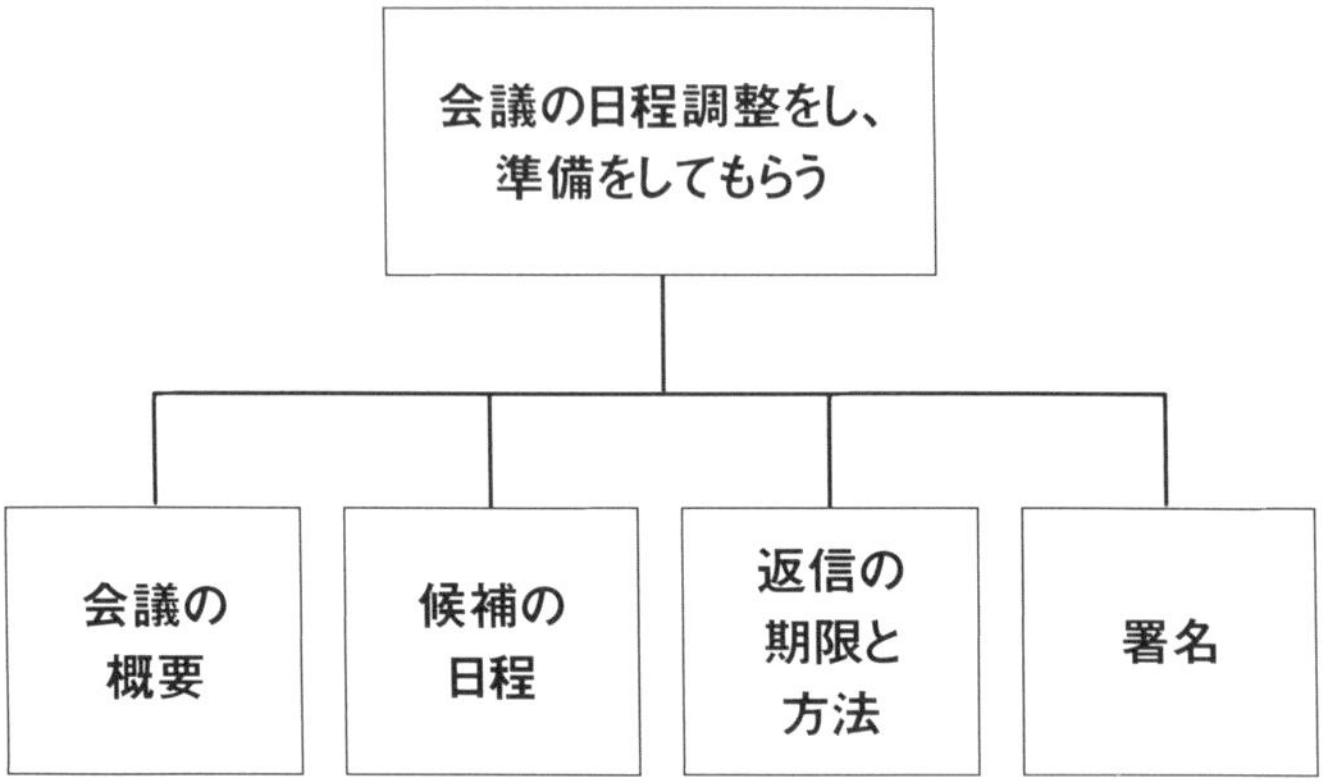

図2-④　連絡メールのロジックツリー例

課題や、予定を洗い出します。

最後の四つ目のポイントは、「所感」として自分の感想や考えをまとめます。達成した業務や課題を受けて自分なりの考えや取り組みの案を書くことで、具体的な指示をあおげるようになります。

▼連絡メールのロジックツリー

連絡メールでは、**何を連絡したいのか、それによって何をしてほしいのかを骨子として構成します。**たとえば会議の日程調整のための連絡メールなら、図2－④のように四つのポイントを組み立てると、目的が伝わりやすくなります。

会議の連絡文は、会議の開催を伝えるだけでなく、各自に事前準備をしてもらうことも重要です。したがって、一つ目のポイントには、何の会議なのか会議の概要を整理して書いておきましょう。

二つ目のポイントは、調整しやすいように候補日を列挙しておきます。相手は、その中から都合に合わせて選択すればよいので、調整がスピーディーになります。

三つ目のポイントでは、行動がより確実になるように、いつまでに、どのように返信をしてもらいたいのかを書いておきます。返信の期限を示すことで、返信しなくてはいけないのだと相手の行動を促すことにつながります。

最後に、署名を記載します。所属や連絡先が書かれていれば、内容について問い合わせたい場合に電話で連絡するといった行動が取りやすくなります。誰が、どの立場で発信したのかを示す記録にもなります。

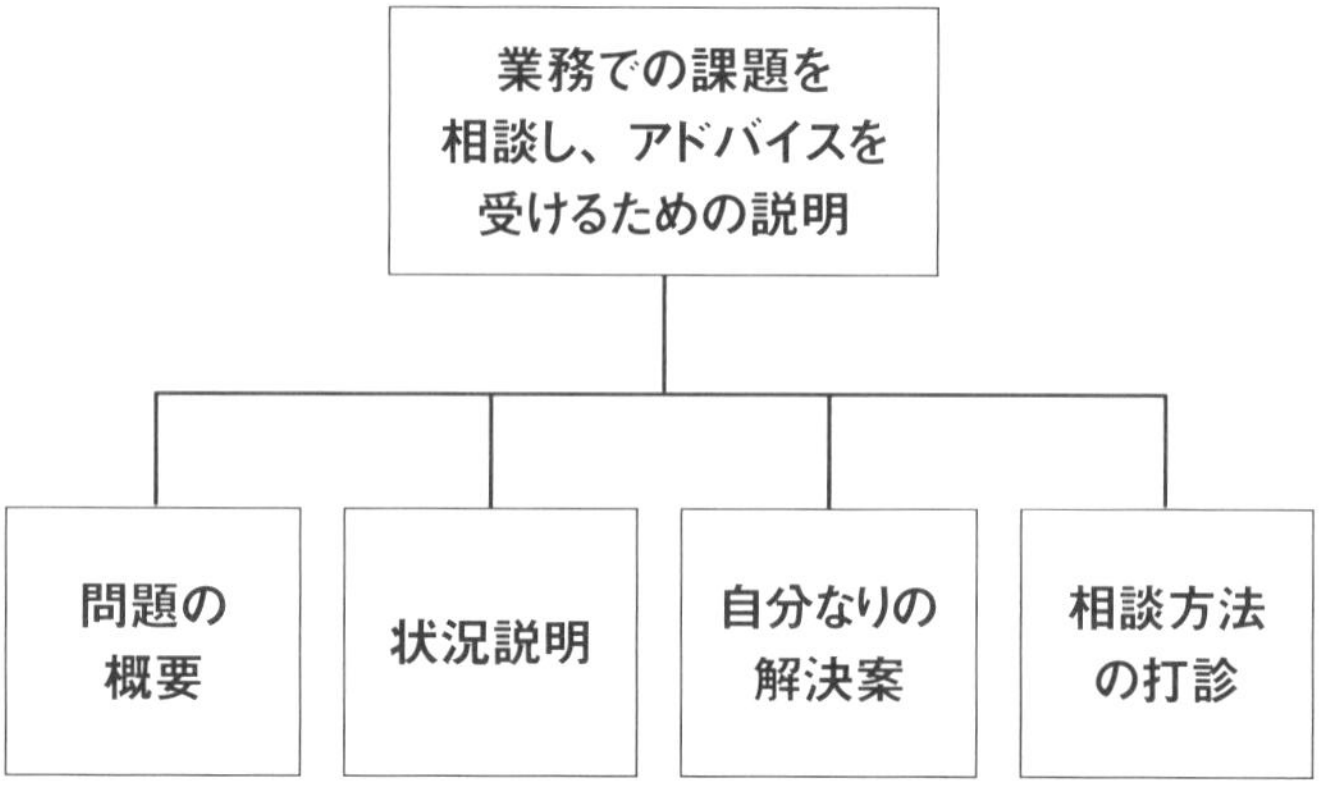

図2-⑤　相談メールのロジックツリー例

▼相談メールのロジックツリー

相談メールのロジックツリーは、図2-⑤のように整理すると相手に伝わりやすいでしょう。**最初に問題の概要を提示することで、相手に「何が問題」なのかが伝わります。**次に二つ目のポイントとして「状況説明」を整理することで、具体的にどのような状況になっているのかを読み手が理解しやすくなります。

次の三つ目のポイントでは、自分なりの解決方法を提示し、相談相手が検討しやすくしましょう。自分なりの考えを書くことで、前向きに取り組んでいる姿勢も伝わります。

最後のポイントで相談のための時間を取ってほしいことや、いつまでにどのようにアドバイスを受けたいといった要望を書いておくと、相手が行動を起こしやすくなります。急いでいるのか、少し時間をかけても大丈夫なのかといった判断をしやすくなるからです。

ロジックが整理されていないわかりにくい相談メールは、状況と問題が混在していて、何を相談しているのか、どうしてほしいのかが、読み手に伝わらないものです。このようなロジックツリーを使って整理することで問題が明確になるので、何をすればいいのかが伝わりやすい文章が書けます。

2-4

ブロック化して、ロジックを「見える化」する

ビジネス文書は、見やすさも大切です。どこに何が書いてあるのか、情報にアクセスしやすいように整理されていれば、全体像が把握しやすく、読み進めやすくなります。**そのために使うテクニックが「ブロック化」です。**文書をブロック化するための方法はいくつかありますが、その主なものをこの節で紹介します。

ブロック化を行う際の留意点は、「メンテナンスのしやすさ」を考慮することです。

見た目が美しくても、修正や追記がしにくかったり、ほかのデータ形式に変換しにくかったりする文書は、ＩＴ活用が競争力を左右すると言われる昨

日報

20XX年X月X日

○○○○部○○○○課

○○○○○

業務内容については、A社への提案資料作成と第3回ドキュメント管理改善WGに出席した。

業務の詳細については、A社への提案資料作成は、来週、X月XX日にA社へ「クラウドメールサービスCR」を提案するための資料を作成している。開発部の鈴木リーダーにオプションサービスについてのレクチャーを受け、A社の課題を解決するポイントを絞り込み、解説と図解を作成中。提案したいオプションサービスは、拡張アカウント管理サービスとモバイルセキュアアクセスサービスである。

ドキュメント管理改善WG出席についてはX月から隔週で開催しているWGの第3回は、それぞれの組織の文書作成と運用に関する課題の洗い出しを実施した。共通する課題を整理し調査シートを作成する。WGメンバーは、調査シートを使って次回WGまでに職場の状況を調査することを決定した。

今後の予定と課題については、A社への提案資料のドラフトを今週中に作成し、○○先輩にレビューをしてもらう。ドキュメント管理については、調査シートを受け取り次第、記入を行う。その際に課のメンバーからもヒアリングを実施する。

最後に所感として、以下に報告する。2週間の研修期間で、各ソフトウェアの業務での使い方を習得する。ドキュメント管理については業務の効率化だけでなく、質の改善につながる観点で提案したい。

以上

図2-⑥　ブロック化していない日報の例

今では、適切な工夫とは言えません。細かい書式を設定すると、修正が入ったときに調整しなくてはならないことも頭に入れておきましょう。「再利用性」を考慮して文書を作成することも、チームでの文書作成、管理の際の大切なポイントです。

▼空白を入れて、情報の区切りを見せる

最も簡単で、ブロックであることが伝わる最強の方法、それが「空白行」を入れることです。空白が情報の区切りを示し、ブロックであることが見てとれる文書になります。

空白行を入れるだけですから、「Enter（エンター）」キーを押すだけの簡単な操作でできます。二つのブロックをまとめたいときは、空白行を削除するだけで済み、修正作業がスピーディーに手間をかけずにできるのも良い点です。

ブロック化しないで文章をつなげた日報と、ブロック化して区切っている

日報、どちらが読みやすいですか。文字がびっしりとつらなった文書は、読む気がしなくなります。相手に読んでもらうための工夫として空白行を活用しましょう。

▼ブロックに見出しを付けてキーワードを知らせる

さらに、**ブロックごとに見出しを付けると、その塊に何が書かれているかが一目でわかります。**図2－⑦では、ブロックごとに情報の意味を表すキーワードを入れた見出しを付けました。

▼トピックの切れ目を空白行で知らせる

メールも、空白行を入れてブロック化すると読みやすくなります。特に、複数の内容が入っているメールでは、空白行で区切ってブロック化しておけば、あとから読み返すときでも必要な情報が読みやすくなります。

日報

20XX年X月X日
○○○○部○○○○課
○○○○○

1．**業務内容**

- ●A社への提案資料作成
- ●第3回ドキュメント管理改善WG出席

2．**業務詳細**

- ●A社への提案資料作成

来週、X月XX日にA社へ「クラウドメールサービスCR」を提案するための資料を作成している。開発部の鈴木リーダーにオプションサービスについてのレクチャーを受け、A社の課題を解決するポイントを絞り込み、解説と図解を作成中。提案したいオプションサービスは次のとおり。

・拡張アカウント管理サービス
・モバイルセキュアアクセスサービス

- ●ドキュメント管理改善WG出席

X月から隔週で開催しているWGの第3回は、それぞれの組織の文書作成と運用に関する課題の洗い出しを実施した。共通する課題を整理し調査シートを作成する。WGメンバーは、調査シートを使って次回WGまでに職場の状況を調査することを決定した。

3．**今後の予定と課題**

- ●A社への提案資料のドラフトを今週中に作成し、○○先輩にレビューをしてもらう。
- ●ドキュメント管理については、調査シートを受け取り次第、記入を行う。その際に課のメンバーからもヒアリングを実施する。

4．**所感**

- ●2週間の研修期間で、各ソフトウェアの業務での使い方を習得する。
- ●ドキュメント管理については業務の効率化だけでなく、質の改善につながる観点で提案したい。

以上

図2-⑦　空白行を入れ、キーワードを付けてブロック化した日報の例

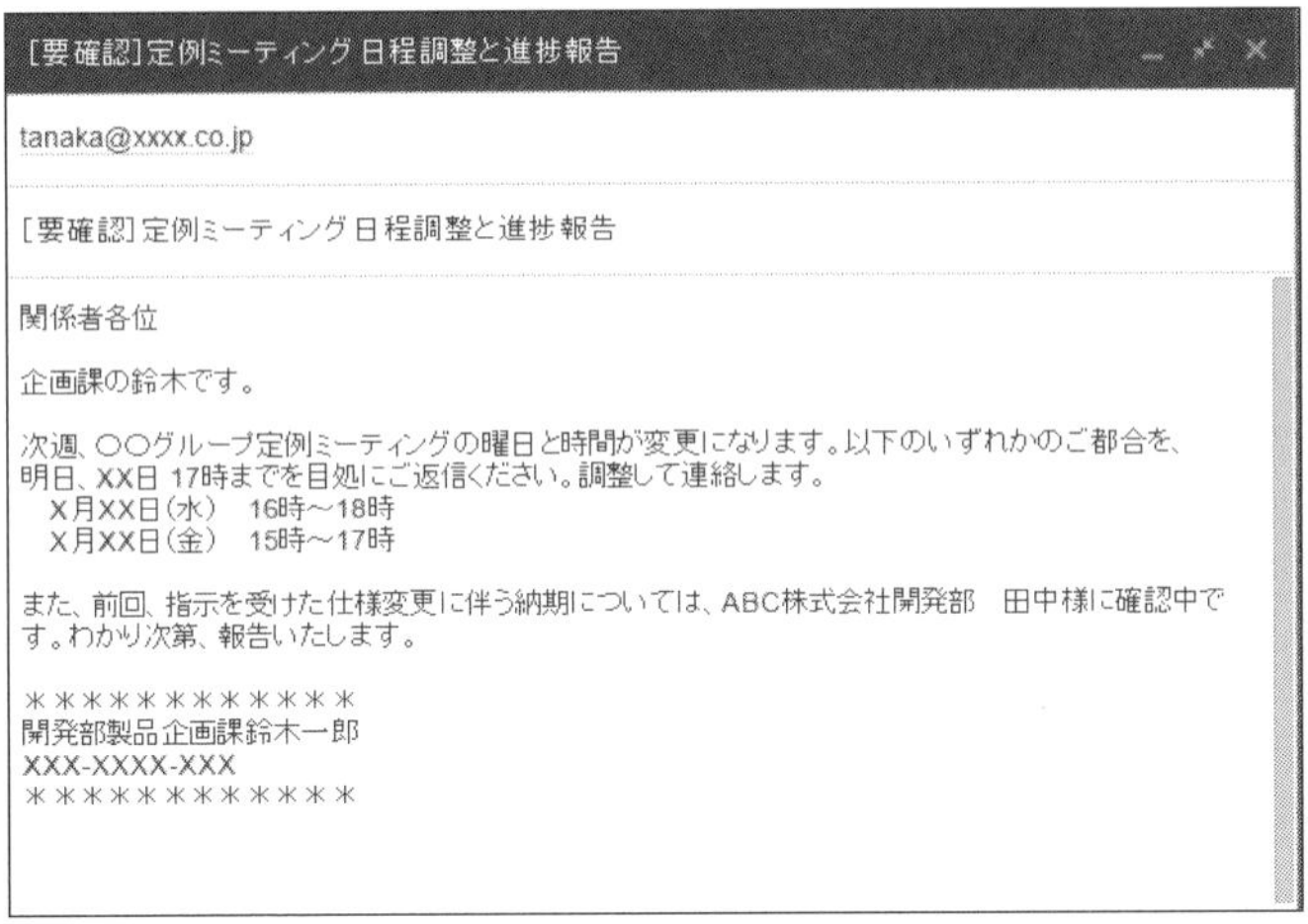
[要確認]定例ミーティング 日程調整と進捗報告

tanaka@xxxx.co.jp

[要確認]定例ミーティング 日程調整と進捗報告

関係者各位

企画課の鈴木です。

次週、○○グループ定例ミーティングの曜日と時間が変更になります。以下のいずれかのご都合を、
明日、XX日 17時までを目処にご返信ください。調整して連絡します。
　X月XX日（水）　16時～18時
　X月XX日（金）　15時～17時

また、前回、指示を受けた仕様変更に伴う納期については、ABC株式会社開発部　田中様に確認中です。わかり次第、報告いたします。

＊＊＊＊＊＊＊＊＊＊＊＊＊
開発部製品企画課鈴木一郎
XXX-XXXX-XXX
＊＊＊＊＊＊＊＊＊＊＊＊＊

図2-⑧　トピックの切れ目に空白行を入れ、ブロック化したメール文の例

重要な内容のブロックをより前に配置する

ブロック化をして情報の塊を「見える化」したら、**ブロックの順番や分量にも配慮しましょう。**組み立てたロジックに従ってまとめていきます。

そのときに、前半に重要な内容が配置されているかどうか、一つのブロックが大きすぎないかどうかを検討しましょう。文章が長く続き、ブロックが大きくなり、行数が増えると読みにくくなります。

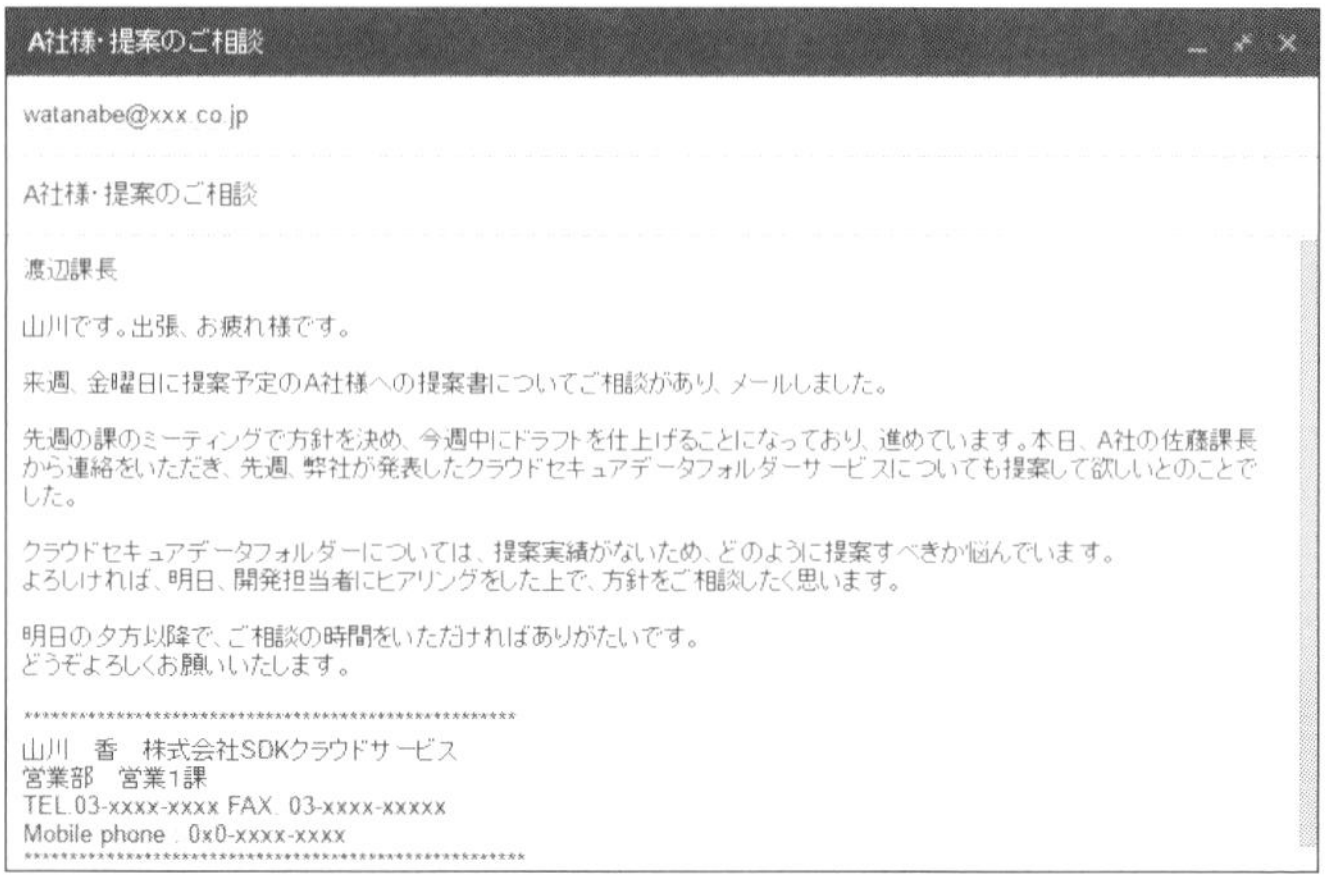

A社様・提案のご相談

watanabe@xxx.co.jp

A社様・提案のご相談

渡辺課長

山川です。出張、お疲れ様です。

来週、金曜日に提案予定のA社様への提案書についてご相談があり、メールしました。

先週の課のミーティングで方針を決め、今週中にドラフトを仕上げることになっており、進めています。本日、A社の佐藤課長から連絡をいただき、先週、弊社が発表したクラウドセキュアデータフォルダーサービスについても提案して欲しいとのことでした。

クラウドセキュアデータフォルダーについては、提案実績がないため、どのように提案すべきか悩んでいます。
よろしければ、明日、開発担当者にヒアリングをした上で、方針をご相談したく思います。

明日の夕方以降で、ご相談の時間をいただければありがたいです。
どうぞよろしくお願いいたします。

****
山川　香　株式会社SDKクラウドサービス
営業部　営業1課
TEL.03-xxxx-xxxx FAX. 03-xxxx-xxxxx
Mobile phone . 0x0-xxxx-xxxx
****

図2-⑨　目的のブロックに続けて、それぞれのブロックで文章を簡潔にまとめたメール文の例

図2－⑨の相談メールの例では、あて先と発信者を書いたあとに、目的を示す1文を書いています。次に1行空けてブロックを分け、状況説明と、どのようにしてほしいかを分けてブロック化して、まとめています。

2-5

相手の時間を取らないように、タイトルや件名でズバリと伝える

一日で文書の中身を伝える**タイトルや件名の付け方にも工夫をしましょう。**この文書は何のためのものか、何を伝えたいのかを相手に知らせ、取捨選択するための情報源となります。

特に、メールの件名は、すぐに読むべきメールなのか、あとからゆっくり読めばいいものなのかの判断材料となります。内容を全部読まなくては、何を伝えたいのかわからないメールは、相手の時間を取ってしまいます。一日に何十通もメールを受信するマネージャーや経営者に出すのであれば、なおさら気を付けたい点です。重要度がすばやく伝わる件名を付けて、印象を高めましょう。

●曖昧で目的がわかりにくい件名の例

件名：定例ミーティングの件

件名：定例ミーティングについて

●目的が伝わるようにキーワードを入れた件名の例

件名：定例ミーティング日程調整の依頼

図2-⑩　件名には、具体的なキーワードを入れる

▼目的をズバリと表すキーワードを入れる

メールの件名には、**何のために送ったメールなのかを伝えるキーワードを入れます。**単に「ミーティングの件」といった件名では、ミーティングの何なのかが伝わりません。「ミーティング日程調整」なのか、「ミーティング場所変更」なのか、具体的な内容を表すキーワードを入れましょう。

▼何をしてほしいのか、行動につながる語句を使う

図2-⑩の「目的がわかりにくい件名

の例」は、「間違ってはいないけれども、曖昧で内容がわかりにくい件名」の典型的な例です。「〜の件」「〜について」では、それが何なのかがわかりません。

「連絡」や「お知らせ」と書かれていれば、何かを知らせてきたのだなと、すぐにわかります。「依頼」や「お願い」とあれば、「何かをして欲しくてメールしてきたな」とすぐに伝わります。

▼件名の最初に目的を示す語句を書くテクニック

具体的な内容をタイトルや件名に盛り込むと、文字数が増え、長くなる傾向があります。相手が使っているメールの環境によって、メールの一覧には件名の一部だけが表示される場合があります。特にスマートフォンは画面が小さいので、前半部分だけが表示されていることがあります。ですから、**前半に目的を伝える語句を盛り込む**とよいでしょう。

「連絡」や〈依頼〉というように、カッコを付けて強調するのも一つの工夫

●カッコを付けて目的を強調する件名の例

件名 ： ［連絡］定例ミーティング日程変更

件名 ： ＜要返信＞福利厚生施設利用のアンケート

●すぐに読まなくてもよいことを伝える件名の例

件名 ： 参考:○○研究会開催のご案内

件名 ： 参考資料:△△調査報告URL、概要ファイル

図2-⑪　強調を示す表現、あとから読めばよいことを示す語句を件名に入れる

です。ただし、社外メールの場合は、相手との関係性によって、失礼な印象を与える場合もあります。〈要確認〉と書いてあれば、確認してほしいことが伝わりますが、自分の都合を押し付けている印象を与えかねません。注意しましょう。

また、「参考までにお知らせしたい」「時間があるときに読んでほしい参考資料」をメールで送るなら、強調のカッコは付けずに「参考」といったキーワードを最初に入れておきます。「あとから読めばよい」と読むかどうかの判断基準となるキーワードを入れておくのも、相手の時間を無駄にしないための心遣いと言えるで

しょう。

2-6 事実と意見を書き分ける

ビジネス文書には、「事実だけを書くことが大切で、自分の意見や感想を書くべきでない」と考える人がいます。それは間違いです。事実だけを書き連ねるのではなく、その情報を元に何を考えているのか、どのような意見を持っているのかを伝えることが、自分をアピールすることになり、評価につながっていきます。その際は、事実と意見を分けて書くことで、読み手の理解を深めながら適切なコミュニケーションを取れるようになります。

▼一文一義で文章を分けて書く

1文に事実と意見を盛り込まずに、分けて書くことがポイントです。また、**一つの文に一つの内容を書く「一文一義」にすることで、主張したい内容を明確にします。**冗長な表現を削除して、事実と意見を簡潔にまとめるとさらに伝わりやすくなります。

図2－⑫の例では、提案の趣旨を概要として述べ、次の文で事実を書いています。さらに文を分けて、意見として理由を述べています。上の整理されていない例では、事実を分けて書いていないので、単なる思いつきのように読めてしまい、説得力がありません。評価される文章は、筋道を立て、整理して書く。事実と意見の書き分けでも同様の考え方で、整理して書いていきましょう。

●改善前：

現在の案件管理システムの「報告」欄については、自由記述となっているため、書き方がそれぞれの人によってばらつきがあるばかりか、書いていない人もいることが課題ではないかと思いますので、トピックを分けて報告内容を整理できるようシステムを改善することを提案いたします。

▼

●改善例：

案件管理システムを、「報告」欄にトピックを分けて書けるよう仕様変更することを提案します。←**提案概要**

現システムでは、自由記述形式のため、書き方にばらつきがでます。また、未記入の案件もあります。←**事実**

トピックを分けて報告を整理することで、案件に共通する課題や改善点が見いだせるようにシステム改善をすることが効果的だと考えます。←**意見**

図2-⑫　事実と意見を分けて書いている例

2-7

説得力と評価を高める書き方のコツ

報告書、連絡、相談の文書やメールの書き方の最後のステップとして、どのように書けば評価につながるのか、どこに注意すべきなのかを説明します。業務でスタッフから受けるメールを読んでいるときや研修課題の添削をしているときに、「内容はよいのに損をしているな」「評価アップではなく、マイナスの印象を与えてしまうな」と思う文章があります。そうした文章に共通する三つのダメなパターンと、その改善案について解説しましょう。

▼否定形、不可能表現を多用しない

否定形が続き、できないことを書き連ねている文章は、相手にネガティブ

な印象を与えます。批判的な考え方も時には必要ですが、そこから建設的な提案ができるよう、表現を見直しましょう。

図2－⑬の否定形が多い文章の例を読んでみてください。否定形の文章が続くことで何を言いたいのかはっきりとわからない文章になっています。また、この報告では、せっかく、展示会に参加させた成果が見えず、評価を上げることにはなりません。

内容は同じでも、組織や自分の業務の今後につながるように肯定文を使い文章表現を工夫すると、印象が変わってきます。

▼自分の都合や言い訳を書き連ねず、提案を書く

連絡や相談メールの中には、まず自分の都合が書かれているものがあります。自分の伝えたいことを明確に書くのは悪いことではありませんが、書き手のロジックで書かれていると、印象を悪くしたり、相手に誤解を招いたりする恐れがあるので留意しましょう。

●改善前：否定形が多い報告文

参加いたしました「モバイルソリューションフェア」では、市場がさほど成長していないと感じました。今年は目玉といった新しい製品はありませんでした。特に、注目すべきものはないといった印象です。ただし、セキュアに社内データにアクセスできるサービスは増えていて、無視できない存在と言っても過言ではないでしょう。

▼

●改善例：肯定的な表現に修正した報告文

参加いたしました「モバイルソリューションフェア」は、市場が成熟している印象を受けました。大きく注目されている製品はない展示会で、セキュアに社内データにアクセスできるサービスは増えていることが印象に残りました。引き続き、情報を収集して注目していきたいと思います。

図2-⑬　否定表現が多いメールの例と、表現を肯定形に書き直した例

●改善前：自分の都合や理由の説明が長い文章

先日もお話ししておいたように次の木曜日の先方とのミーティングは欠席します。家族の休日を調整してようやく取れた休暇で、今からの調整はできない状況です。2ヶ月前から有給休暇を申請していたこともご配慮ください。欠席となってしまい、申し訳ありませんが、どうぞよろしくお願いします。

▼

●改善例：自分の状況を踏まえて、業務のプロセスに配慮した文章

次の木曜日、11日の○○株式会社様とのミーティングは、休暇を申請しており出席できません。

担当でありながら、申し訳ありません。

別の日に日程調整をしていただくことは可能でしょうか。

お手数をおかけしますが、ご検討のほど、どうぞよろしくお願いいたします。

図2-⑭　自分の都合を踏まえて、相手の行動や判断につながるように書いている例

組織メンバーの一員として、組織や業務にとっての影響を配慮した表現を工夫することをおすすめします。

図2－⑭の連絡メールのように、自分の都合をこまごまと書く必要はありません。**どのようにしたいと考えているのか提案を含めて書くことで、相手が受ける印象は大きく変わります。**何をしてほしいのか、あるいはしてもらうことは可能なのかを、提案しましょう。

▼良い情報も共有しよう

仕事のホウレンソウは、業務が効率的に進むことや、何か問題があった場合の問題解決ツールとして使うことが多いものですが、業務連絡やトラブルにのみフォーカスするのでなく、**組織にとって良い情報を共有することも考えてみましょう。**

たとえば顧客に提案した内容が、相手の課題の解決につながったら関係者に報告しましょう。自分たちが立てた仮説が正しいことがわかり、別の顧客

●提案がうまくいったことを関係者に伝える報告メール文の例

先日は、新サービスの機能やメリットについて、レクチャーをいただき、ありがとうございました。昨日、A社の総務部にご提案したところ、大きな関心を持っていただけました。特に特長である暗号化に関して、安全にデータがやりとりできる点と、使い勝手の良さに感心されていました。

これも具体的な説明をいただいたお陰です。ありがとうございました。受注に向けて商談を進めていきます。
今後もご支援のほど、どうぞよろしくお願いいたします。

図2-⑮　良い結果を共有することを目的に報告しているメールの例

への提案の参考になるかもしれません。また、モチベーションアップにもつながることでしょう。チームの力を高めるためのホウレンソウのメールの使い方の参考にしてください。

この章のまとめ

①わかりやすい「ホウレンソウ」のためには、書く前に、2W1Hとロジックツリーを適用して準備する

②一目で理解される文章は、ブロック化と見出しの付け方がポイント

③同じ内容でも、「否定形を減らす」「言い訳から提案型にする」だけで、マイナスがプラスの印象に変わる

第3章

相手に理解してもらう、説明で生きる文章

～商品説明文、手順書、マニュアル～

3-1

情報量が多い文書のノウハウは取説やカタログに学ぶ

伝えたい情報が大量にあるとき、それを相手に理解してもらうには、**「情報量をコントロール」することが大切です。** あなたは、こんな経験がありませんか？　パソコンやスマホの操作で知りたいことがあって、詳しそうな人に聞いたところ、次から次へと詳細で難しい内容を教えられたけれど、結局、よくわからなかったということが。**情報をたくさん提供すれば、相手の理解につながり、役立つわけではない**という代表例です。

大量の情報があるときに、どのように情報量をコントロールして相手に役立つように伝えているのか。大量の情報を整理して、利用者に役立つ情報を提供している各種製品の取扱説明書（取説）や、手順書の書き方の手法に学びましょう。引き続き、1章、2章でも紹介したロジックツリーを使いながら文章を組み立てますが、本章では2W1Hに代わり対象読者をより明確にイメージできる「ペルソナ」という手法を新たに学びます。

▼読み手はどのような人なのかを分析する「ペルソナ」手法

情報は、たくさん伝えたから、正しいから相手に伝わるというものではありません。伝えたい相手に合わせて、**情報量と表現を変えることが重要です。**

たとえば、スマホを買ったばかりの初心者が基本的な使い方を知りたいと思っているのに、特定のアプリの設定方法を詳細に教えても、役に立つ以前に、理解できないかもしれません。それでは、せっかく伝えた情報は無駄になります。相手も知りたいことがわからず、不満足のままです。

製品に添付される取扱説明書やウェブページの制作では、情報を絞り込むために、企画・設計段階で読み手を分析することからスタートします。実際には幅広い人が利用しますが、ターゲットユーザーを分析しないと、情報が絞りきれず、誰にとっても中途半端な書き方になってしまうからです。

読み手を分析して、主たるターゲットを具体化する手法を「ペルソナ」と呼びます。ペルソナ手法では、具体的な一人、あるいは数人の人物像を描いていきます。その人は男性か女性か、年齢はいくつくらいか、家族構成はどのようになっているのか、どのようなライフスタイルを持っているのか、服装や持ち物の趣味はどうなのか、具体的に書き出します。

たとえば、私がスマートフォン入門のマニュアル本を執筆したときは、図3－①のようなペルソナを設定しました。年齢や職業、休日の過ごし方、インターネットの利用状況などを想定しています。またニーズを洗い出すことで、何を知りたいのかを具体的に検討する材料にしました。このペルソナ設定は、周囲の人や家族から話を聞いたり、販売店での顧客の様子を観察したりしてつくり上げました。

描いた人物像「ペルソナ」は、**伝える情報を取捨選択するための判断基準**

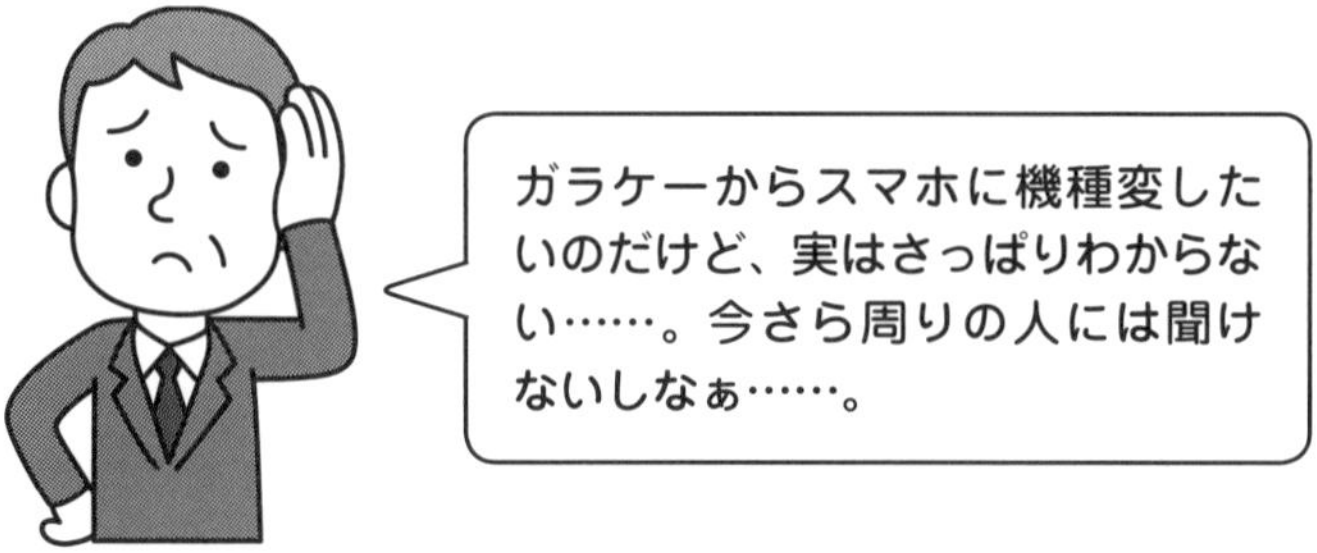
ガラケーからスマホに機種変したいのだけど、実はさっぱりわからない……。今さら周りの人には聞けないしなぁ……。

名前	小野良夫さん
年齢	48歳
性別	男性・独身
職業	メーカー勤務。技術職
休日	土日祝日。休みの日は、録画した映画を観たり、趣味のオーディオでCDやFMの音楽を聴いて過ごす。ダイエットしなければと思い、時々、ウォーキングにも出かける。
インターネット利用状況	自宅のパソコンで私用メールをチェックしたり、ブラウザで検索したりが中心。SNSは使っていない。
ファッション	特に関心はなく、清潔であればいいと考えている。
スマホへのニーズ	・時代に遅れないように、スマホを使いこなせるようになりたい。 ・ネット検索などが中心。特に使いたいサービスやアプリは今のところはない。 ・毎月の利用料金をおさえたい。 ・格安スマホやSIMフリーにも関心がある。

図3-① スマートフォン入門のマニュアル本のペルソナ例

として利用します。「このペルソナだったら、こういう使い方に関心があるだろう。でも、こういう使い方はあまりしない」といったことを関係者で話し合えるため、何を書き、何を省くか判断がしやすくなります。

こうしたペルソナ手法の活用例を知りたいときは、家電製品の取説の表紙にイラストがあれば、そこに答えがあります。イラストがその製品を使用している人物や風景になっていれば、それがそのままペルソナを反映したものになっているからです。ある家庭用のコーヒーメーカーの表紙には、20代後半から30代前半くらいのカップルのイラストが表紙に描かれています。カジュアルな服装で休日にリビングでコーヒーを飲んでいるシーンです。美味しいコーヒーを家で手軽に飲みたいと、コーヒーメーカーを購入する若い消費者をペルソナに設定しているのでしょう。

▼読み手の知識レベルと知りたいことを洗い出す

ペルソナを分析したら、その人は「何を理解していて、何を知りたいのか」、持っている知識についても洗い出します。家でコーヒーを飲むためにコーヒーメーカーを買った若いカップルならば、コーヒーメーカーを買うのも、使うのも初めてかもしれません。そうであれば、コーヒーメーカーの構造を最初にわかりやすく説明するページがあれば、コーヒーの入れ方をざっくりと理解しやすくなるでしょう。

業務用のコーヒーメーカーの取説ならば、基本的な構造や機能は理解している人が読むことが多くなります。彼らが知りたいことは、機器のメンテナンス方法やトラブルが起きたときの解決方法となるでしょう。

読み手に合わせて情報を取捨選択して、わかりやすい文章を書くには、**読み手を曖昧に想定するのではなくペルソナ手法を使って具体的なユーザーを想定します。**その上で、ユーザーに伝える内容は、これまでも使ってきたロジックツリーなどを使って整理し、構成を組み立てます。

3-2

読み手に合わせて書き分ける

読み手を設定したら、その人向けに説明文を書く練習をしましょう。私のライティングの研修や授業でも、こうした演習を行っています。ここでは例として、研修でも取り上げることが多い「ガラケーと呼ばれる従来の携帯電話しか使ったことのない、60代の人にスマホとは何かを説明する」という課題を取り上げます。この文章は、約200字で伝えます。

あなたもチャレンジしてみませんか? 難しいと感じる人は、次項のロジックツリーを参考にして情報を書き出してから、200字の原稿を書くと取り組みやすいでしょう。制限時間は20分です。パソコンやスマホでも問題はありませんが、短い文章ですから手書きで書いてみることをおすすめします。構成やどのような用語を使うのかに集中できます。

▼ロジックツリーで要点をまとめる

ペルソナを想定したら、何を書くか情報を書き出し、第1章で説明したロジックツリーで整理してみましょう。

新しい製品やサービス、事象を説明するときの説明文のロジックツリーを、図3－②に示しました。標準的な多くの人に理解しやすいパターンで組み立てています。

趣旨は、「『スマホ』とは何かを理解してもらう」（第1階層）こと。そのために、第2階層では三つのポイントで説明を展開します。最初のポイントでは、それは何かをざっくりと定義します。これによって全体像が伝わります。

二つ目のポイントでは、もう少し詳しい説明をします。定義を受けて、より詳細に展開していくように情報を整理します。三つ目には、何が読み手に

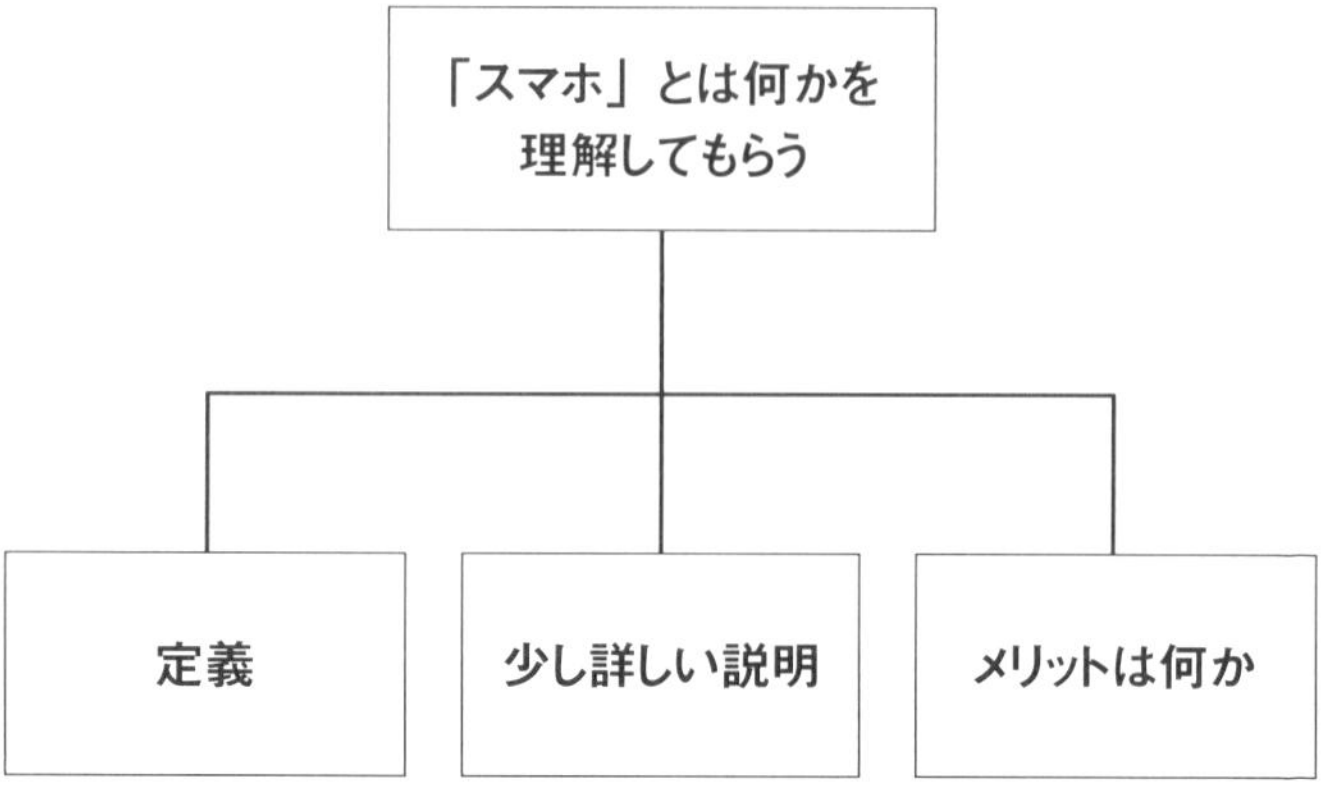

図3-②　何かを説明する文章のロジックツリー例

とってメリットなのかをポイントとして書きます。

このロジックによって、読み手は全体から詳細へと理解を進め、自分にとってのメリットを知って理解する、腑に落ちるようになります。

ロジックツリーを用意したら、第2階層の下に何を書くかを書き出しましょう。文章ではなく、盛り込みたい語句や説明を書き出します。全体の分量を考えて、書き出した中から優先順位を付けておくとよいでしょう。図3－③は書き出したキーワードです。優先順位の高いものに○を付けました。

定義

・パソコンと電話を合体させたような情報機器

○「スマート」＝「賢い電話」のこと

・多機能で高性能な従来の携帯電話が進化した機器

少し詳しい説明

・高性能なCPUを持ち、処理が速い

○大きな画面があり、指でタッチして操作する

○「アプリ」と呼ばれるソフトを入れて、使い方がこれまで以上に広がる

・写真を多く登録でき、アプリを使って加工するといった使い方もできる

メリットは何か

○画面を指で拡大できるので見やすい

○使いたいアプリを選んでニーズに合わせて使える

・写真や音楽をガラケーより大量に保管できる

・SNSアプリとサービスを使って家族や友人とコミュニケーションできる

図3-③　ロジックツリーの第2階層の下の情報の洗い出し例

この情報の洗い出しには正解はありません。図と同じキーワードでなくてもよいのです。**自分なりに何をポイントに伝えたいのかを考えてキーワードを洗い出し、優先順位を決めましょう。**たとえば、写真や音楽に関心がある人にスマホの便利さを伝えたいなら、そうしたメリットに結びつくような説明を考えます。

▼ペルソナに合わせて書き分ける

次に書き出したキーワードをもとに、整理をして書いていきましょう。

書き終わったら、必ず見直しをしてください。時間がかかる人は、制限時間の20分でいったん書き終えることを目標にし、そのあとで見直しをしてください。抜き出したロジックや情報を生かして書けていますか。説明がくどくなっていませんか。逆に分量を減らすために、具体的な情報が欠けている文章になっていないかを見直します。

スマホとは、「賢い」という意味の「スマートさ」を備えた携帯電話のことです。 **◀定義**

大きな画面を持ち、画面を直接タッチして使う操作方法が特徴です。従来の携帯電話のような数字や文字のボタンはありません。 **◀少し詳しい説明**

撮影した写真や動画をたくさん保存することができます。さらにそれらを「アプリ」と呼ぶソフトを使って加工し、利用できます。使いたい用途に合わせて、多様なアプリが提供されています。無料で使えるアプリも揃っています。 **◀メリットは何か**

図3-④　60代以上の人向けにスマホとは何かを説明する文章例

参考例として、図3－④に60代以上のシニア層に向けた筆者による説明文を示します。パソコンと同じような機能を持つ情報機器であるといったやや難しい説明はせずに、スマホが賢いことや、画面をタッチして操作すること、多様なアプリを無料で使えることなども説明しています。最初の1文で定義を示し、次の2文で特長を少し詳しく説明しています。最後の「撮影した～」からの4文でメリットを説明しています。

ペルソナの違いによる内容や表現の違いを理解する

同じスマホの説明でも、読み手が異なると、取り上げる情報や表現が異なることを見てみましょう。図3-⑤は、ウェブサイトとして提供されているIT用語辞典「e-Words」の「スマートフォン」の項目の冒頭の段落です。読み手はビジネスパーソンやITに関心がある人をターゲットにしているのでしょう。「携帯コンピュータ」といった説明がされ、「持ち歩けるコンピュータ」であると定義しています。

ポイントを整理しよく解説されています。でもこの文章では、従来の携帯電話しか使ったことがない60代の読み手は、「難しい……。何を言っているのかわからない」と感じることでしょう。読み手によって、対象は同じでも説明する内容、表現を違えることの重要性が、わかりましたか。

読み手に合わせて表現を変える技術

説明文の書き方について、読み手に合わせてどのような情報の取り上げ方スマートフォンとは、個人用の携帯コンピュータの機能を併せ持った携帯電話。従来の携帯情報端末（PDA）に携帯電話・通信機能を統合したもの、と表現されることもある。単に高機能というだけでなく、汎用のOSを搭載し、利用者が後からソフトウェアなどを追加できるようになっている機種を指す場合が多い。“smart”は「賢い」の意

「IT用語辞典e-Words」(http://e-words.jp/)より引用

図3-⑤　一般のビジネスパーソンやITに関心がある人向けにスマホとは何かを説明する文章

の違いがあるのか、さらに詳しく見てみましょう。図3－⑥と図3－⑦は、実際の製品情報を参考に、シニア向けのスマホとヘビーユーザー向けの高機能なスマホの特長を三つのポイントとしてまとめ直したものです。何を、どのように説明しているのか、読み手による書き分けを見てみましょう。

最初に紹介するのは、シニア向けスマホの特長の文章です。図3－⑥のように三つのポイントとして、シニア世代が知りたいことを取り上げています。利用者から見ると、従来の携帯電話との違いは、

シニア向けスマートフォンの三つの特長

- 美しく見やすいメニューと大きな画面。楽々タッチ操作で確実に
- スマホで家族や仲間ともっとつながる。「ファミリー」機能で会話をもっと楽しめる
- おまかせ撮影で、簡単に、きれいに撮れる!

図3-⑥　シニア世代向けのスマートフォンの特長を示す説明文

画面をタッチして使うことです。それらの操作が簡単にできることを説明しています。自分では使いこなせないのではないかと心配するシニアの人に、ファミリー機能で家族との会話が簡単に楽しめることをアピールしています。また、カメラ機能はシニア世代も使っていきたいと考える機能です。それがより手軽にきれいに撮れることを説明しています。難しい言葉を使わずに説明しています。

次の図3－⑦は、高機能なスマホの紹介文です。こちらも三つの特長で説明しています。20～30代のスマートフォンの

高機能スマートフォンの三つの特長

- 最先端機能のカメラセンサーを搭載。思いどおりに撮影
- 快適にダウンロード。大容量の動画や音楽を楽しむ
- 2年経っても劣化しにくい、長寿命のバッテリー搭載

図3-⑦　ヘビーユーザー向け高機能スマートフォンの特長を示す説明文

ヘビーユーザーが買い換えを検討中というペルソナ設定をしているのでしょう。カメラ機能の良さ、動画や音楽をダウンロードするときの快適さ、バッテリーの持ちといった使い勝手の良さをアピールしています。カメラセンサーやダウンロードといった技術用語を使って、より具体的に説明しています。

　このように読み手によって、選択される内容と表現が異なります。**説明文を書くときには、読み手を明確にすることが重要**だとご理解いただけたことでしょう。

3-3

読み手のなすべき「タスク」に集中して書く

ペルソナとロジックツリーの使いこなしに加え、長文を書くときにはぜひ知っておきたいテクニックがもう一つあります。これさえ覚えれば、何にどこから手を付けていけばよいか見当もつかなかった書類を、よりスムーズに書き始められるようになることでしょう。

取説やマニュアルの業界では、現在、世界中で**「トピックライティング」という手法が注目されています。**特に、グローバルに製品展開している企業では、大量の情報をユーザーにすばやく届けて活用してもらうため、情報整理とアウトプットをスピードアップするために、情報を「トピック」という小さな塊ごとで作成し、システムを使って管理します。これによって、**ユーザーに合わせ、必要なトピックだけを提示したり、トピックを組み合わせたりして使える**ようにしています。

読み手は情報が整理された状態で、自分に必要な情報だけを読むことができますから、情報へのアクセスがスピードアップします。これは現在の私たちの情報への接し方の変化に即している、理にかなった文書作成の方法です。現在では、従来のように書籍を読み、じっくりと知識を取り込むことは減ってきています。ネットで欲しい情報をさっと検索して利用するといったスタイルに、情報活用方法が変わってきているからです。

▼したいことに必要な情報だけを読めるようにする

製品の取説は、とりわけ、最初からじっくり読むよりも、欲しい情報だけをぱっと見て、活用できることを重要視して作成される文書です。

コンパクトなデジタルカメラを購入したユーザーが、「夜景をきれいに撮りたい」と思ったら、「夜景」をキーワードに情報を探すことでしょう。しかし、従来であれば、夜景モードは「撮影モード」の一部であることから、「撮影モード」の説明から情報をたぐっていかなければ読むことができませんでした。

トピックライティングでは、「撮影モード」の説明を一つのトピックとして作成します。同時に「夜景モード」は別のトピックと関連づけて提示する方法も用意します。こうしておけば、夜景以外のシーンをきれいに撮るための不要な説明を読まずに、欲しい情報だけを読むことができます。機能を中心に情報を整理した説明では、利用者のしたいことに焦点を当てた情報になりません。**「タスク」と呼ぶ、「したい作業」を特定して、それを達成するために必要な情報だけを提供する。これが、利用者に役立つ情報をスピーディーに提供する今の情報提供のあり方です。**

トピックライティングの標準的な手法として欧米だけでなく、日本の企業にも普及しつつある「ＤＩＴＡ（ディタまたはディータと読みます）」という技術では、標準的なトピック設定の技法として、情報を三つのタイプに定義しています。

・タスク

「タスク」と呼ばれる作業を行うための情報のタイプ。順番を追って行う作業の説明に使う。

・コンセプト

概要を書くための情報のタイプ。その機能やサービスが何なのか、何に使えるのかといった理解を促進するための説明に使う。

・リファレンス

補足や参考情報の説明に使うための情報のタイプ。すべての人に必要なわけではないが、知っておくと便利な情報の説明に使う。

目的に合わせて情報を整理する意味と枠組みを用意しておけば、自然と情報が整理しやすくなります。これもロジカルライティングの応用的な技法の一つと言えるでしょう。

そのほか、トピックライティングでは、トピックとしてつくった情報を組み合わせて紙に印刷して使ったり、ウェブサイトでの説明に使ったりと、目的に合わせてつくった情報を活用しやすいこともメリットだと考えられています。

3-4 情報のタイプで仕分けして提供する

トピックライティングを実践してみましょう。

商品説明のロジック

- 特長
- 機能の説明
- 付随するサービス内容やオプションの紹介

図3-⑧　商品説明の情報整理

情報量の多い説明文や作業手順について、したいことがすぐに達成できるよう書くには、情報をタイプごとに仕分けしておくことが大切です。分けた情報に見出しを付けたり、ブロック化したりして、情報の塊を「見える化」します。こうして分けておけば、読み手は自分にとって必要な情報だけを読めます。

▼商品説明文の情報仕分けのパターン

商品説明文ならば、図3−⑧のようなロジックで情報を整理して、説明するのが一般的です。**特長、機能に関する詳細**

説明、さらに補足的な情報を分けます。読み手はどのくらいまで情報を知りたいか、自分のニーズに合わせて情報を選び、読み進めることができます。

なお、今回の図ではロジックを箇条書きにしましたが、基本的にはロジックツリーを使って整理するのと同様です。

▼作業手順書やマニュアルの情報仕分けのパターン

作業手順書やマニュアルでの操作説明では、**作業であるタスクを達成するために何をすべきなのかが一目でわかるように情報を整理します**（図3－⑨）。こうしておくことで、「○○をするために、どう作業をしたらいいかを知りたい」という人にすばやく情報を提供できます。

タスクを実行するために必要な概要の説明も分けておきましょう。すでに知っている人は、その部分を読み飛ばして、操作そのものの説明へと読み進めることができます。

また、すべての人には必要はないけれど、状況やニーズによって知ってお

操作マニュアルのロジック

- 概要
- 操作説明
- 補足的な情報

図3-⑨ 操作マニュアルの情報整理

くと役立つ関連情報や活用例といった補足的な情報も分けて書きましょう。

先ほどのトピックライティングの情報タイプで言えば、概要は「コンセプト」、操作説明は「タスク」、補足的な情報は「リファレンス」に当たります。標準的な情報の分け方に従って情報整理しておくと、全体として整理された文書やウェブサイトがつくりやすくなります。

▼作業手順書で情報整理のビフォア、アフターを比べる

実際に情報を分けて整理するビフォア&アフターで、読みやすさの違いを確認

しましょう。図3－⑩は情報の整理をする前の状態です。プロジェクターを使うメリットや、事前の準備、ケーブルについての説明が織り交ぜながら書いてあります。

これでは一通り読んだあとで、何をすべきかもう一度読み直さないと理解しにくいですね。また、付属品の接続ケーブルやリモコンは、最後に説明するのではなく、最初に説明するとわかりやすくなるでしょう。

図3－⑪は、図3－⑩の文章を情報整理したあとの状態です。会議でのプロジェクター利用についての説明、事前に確認すること、プロジェクターを使うための操作説明、補足的に行える設定の説明に情報を仕分けしました。段落ごとに、伝えたい情報を整理しているので読みやすくなっています。

また、空白行を入れてブロック化しています。情報の内容に合わせて区切りがあるので、あとから読み返して確認したいときに、いくつ目のブロックを読むのか目印となり、目的の情報をすぐに見つけることができるでしょう。

会議室のプロジェクターを準備する

会議ではプロジェクターをパソコンに接続して、資料を投影すると、印刷物を配布するといった手間が省けます。会議開始前には、会議室にあるプロジェクターをセッティングして、それから投影の準備もしておき、会議がすぐに始められるようにしてください。プロジェクターは、投影する資料の入ったパソコンとケーブルでつなぎます。電源ケーブルも接続しておきます。プロジェクターケーブルは、Windows パソコン用と Mac 用の 2 種類がありますから、接続するパソコンに合わせてケーブルを選んで接続すれば、自動的に認識し、プロジェクター画面にパソコンの画面が投影されます。画面が台形や斜めになっている場合は、補正することができます。プロジェクターのリモコンにある「設定」ボタンを押して調整してください。なお、リモコンや接続ケーブルは、プロジェクターケースに入っています。もしも入っていない場合は、総務部までご連絡ください。

図3-⑩　作業手順書の情報整理前の状態

会議室のプロジェクターを準備する

会議ではプロジェクターをパソコンに接続して、資料を投影しましょう。 **←使い方を説明しています** 印刷物を配布する手間が省けます。 **←メリットを書いています**

会議室の備品のプロジェクターを会議前に、セッティングしておきます。プロジェクターケースには、電源ケーブル、接続ケーブル、リモコンが入っています。接続ケーブルは、Windows 用、Mac 用の２種類があります。備品が不足している場合は、総務部までご連絡ください。 **←このブロックはあらかじめ準備したり、確認したりする内容を書いています**

電源ケーブルを本体に接続します。接続した電源ケーブルを、コンセントに接続します。

投影するパソコンとプロジェクターを、接続ケーブルで接続します。

プロジェクターの電源を入れます。自動的にパソコンの信号を読み取り、プロジェクターからパソコン画面が投影されます。

↑上のブロックは操作手順を説明しています

もしも、投影された画面が台形や斜めになっていたら、プロジェクターのリモコンで［設定］ボタンを押します。画面に表示される情報を選択して、補正してください。

↑状況によって行うとよい補足的な説明をしています

図3-⑪　作業手順書の情報整理後の状態

3-5 手順は番号を付けて順を追って説明する

トピックライティングを実践すると、長々とまとまりがなかった文章が、簡潔で、相手に伝わりやすいものになります。また、ペルソナごとにロジックを使って重要な情報を書き出すと、役に立つ、説得力ある文章になります。取説、マニュアルには、複雑な内容をわかりやすく書くためのコツがまだまだあります。ここから先は、マニュアル執筆をするプロのライターは必ず知っているライティングのテクニックを説明します。

▼一つの作業を一つのステップにまとめる

複数の作業や手順をわかりやすく説明する手法として、取説やマニュアル

プロジェクター使用手順

1. 電源ケーブルを本体に接続します。
2. 接続した電源ケーブルを、コンセントに接続します。
3. 投影するパソコンとプロジェクターを、接続ケーブルで接続します。
4. プロジェクターの電源を入れます。
   自動的にパソコンの信号を読み取り、プロジェクターからパソコン画面が投影されます。

図3-⑫　作業の順番に番号を付けた作業手順文の例

では**「1ステップずつ連続した番号を付けて説明」します。**読み手は順番に自分が行うべき作業を確認しながら進めることができます。

図3－⑪で整理した作業手順を、番号を付けてステップごとにまとめたものが図3－⑫です。図3－⑪に比べて、さらに読みやすくなっています。自分が何をしたらよいのか、一つずつ理解して作業することができるからです。

料理のレシピもまさに、このように1手順ずつ情報整理をして説明されている例です。様々な材料を使って、複数の手

3-1.　投影するパソコンのディスプレイコネクタに接続ケーブルを接続します。

3-2.　プロジェクターの入力コネクタに、パソコンに接続した接続ケーブルを接続します。

図3-⑬　作業3をさらに二つに分割して、細かく説明した作業手順文の例

順で仕上げていく段取りを説明する典型的な文章のパターンです。

作業手順にせよ、操作手順にせよ、ステップ化するときに留意したいのが、作業をどこで分けて書くのかという点です。工夫をしたつもりが読みにくくなってしまうパターンにありがちなのは、作業を細かく分けすぎることです。説明しなくてもわかる詳細な内容を書くことで、全体の情報量が増えてしまいます。読み手は、「たくさん手順があって面倒そう」と感じます。**「これも書いておいてあげよう」という書き手の親切心が逆効果になります。**

図3－⑬のように、手順3を二つの手順に分けることが、細かく手順を分けている例です。一見、親切に見えますが、全体として手順が増えます。まとめて行う作業や操作は、一つの塊にしておいたほうが理解しやすいものです。不要な説明を削除し、作業に必要な情報をまとめましょう。

▼ステップは「10手順」以内にまとめて読みやすく

手順を細かく分けすぎてステップ数が増えると、読み手に心理的な負担を与えるとも言われています。手順が延々と続くのを目にしたら、「こんなにたくさんの作業をしなくてはいけないのか……」と思いますよね。そこで一般的にマニュアルや取説を書くときは、10手順以内にまとめるとよいとされています。

もしも手順がそれ以上多くなるなら、区切るところがないかを検討して分けるとよいでしょう。お料理のレシピで手間がかかる品では、下ごしらえ、調理、仕上げと分けて説明しているものがあります。これも作業を区切って、心が折れることなく作業を進めることができるように、読み手に配慮しているのです。

3-6 操作と結果は分けて書く

作業手順や操作を書くときに、**ぐんとわかりやすくなる情報整理の技術が、「操作と結果」を分けて書くことです。**操作だけ分けて書くことで、何をすべきかが明確に伝わります。

●操作と結果を1文で書いた例

4. プロジェクターの電源ボタンを押して電源を入れると、自動的に接続されているパソコンからの信号を読み取って、プロジェクターからパソコン画面が投影されます。

●操作と結果を分けて書いた例

4. プロジェクターの電源ボタンを押します。
電源が入り、自動的に接続されているパソコンからの信号を読み取って、プロジェクターからパソコン画面が投影されます。

図3-⑭　操作と結果を2文に分けて書くと読みやすくなる

▼操作手順と結果を別の文に分けて、改行する

操作手順文と結果文を1文にまとめて書いている例と、2文に分けて書いている例を並べて、読みやすさを比べてみましょう。図3－⑭の上が1文で書いてある例で、下は2文に分けてあります。

▼操作手順でない文に番号を付けない

作業手順や操作説明文では、**連続した番号を付けて書くのは、読み手が行為を行うことだけに限定します。**

●**操作手順でない説明に番号をつけた例**

4. プロジェクターの電源ボタンを押します。
電源が入り、自動的に接続されているパソコンからの信号を読み取って、プロジェクターからパソコン画面が投影されます。

~~5. 画面が表示されたら、プロジェクターの準備が完了しました。~~

図3-⑮　操作手順でない文を書いている例

結果や説明文は、手順に含めません。完成したことも、最後の手順ではありません。図3-⑮の手順5は読み手が行う操作の手順ではなく、手順4を行った結果を示しています。この手順はなくても作業に支障はありませんから、削除します。

読み手にとって、なくてもかまわない情報は書かないこと。これがスッキリと理解しやすい操作文を書くときの基本です。

3-7 一文一義で簡潔に短く書く

何かの作業を実行するための説明や、操作手順文のような実用文は、簡潔に書くことが何より重要です。ただし、**簡潔に書いても必要な情報は省かず、しっかり盛り込みます。何を、どうするのか、具体的な情報を入れて明確に書きましょう。**作業の手順を簡潔に書いている文は、さっと読めて、行動に移しやすくなります。

▼「一文一義」で書く

人は文章を読むとき、「。」(句点)を区切りとして、1文ずつ読み進めていきます。一つの区切りごとに、「この文で伝えたいことはこれだな」と頭

会議ではプロジェクターをパソコンに接続して、資料を投影すると、印刷物を配布するといった手間が省けます。

図3-⑯　複数の内容が一つの文章に入っている例

会議ではプロジェクターをパソコンに接続して、資料を投影しましょう。

印刷物を各自に配布する手間が省けます。

図3-⑰　複数の内容が一つの文章に入っている例

で整理しながら読んでいくのです。そうした読み方の特性に合わせて、**一つの文に一つの主題に限定して書いている文章を「一文一義」と呼びます。**これもテクニカルライティングで使われる、わかりやすく伝える文章テクニックの一つです。

図3－⑯の例文は、一つの文章に複数の内容が入っています。会議ではプロジェクターを使ってパソコンの資料を投影することと、それによって印刷物を配布する手間が省けるというメリットの二つが書かれています。

複数の内容が入った文章を一文一義で

● **1文が長く複数の内容が入っている例**

プロジェクターケーブルは、Windowsパソコン用とMac用の2種類がありますから、接続するパソコンに合わせてケーブルを選んで接続すれば、自動的に認識し、プロジェクター画面にパソコンの画面が投影されます。(102文字)

図3-⑱　複数の内容が一つの文章に入っている例

分けた改善例が、図3-⑰の例です。それぞれの文で伝えたいことが、より明確に伝わります。

▼1文50文字以内を目安に、短く書く

長い文章は1文に複数の意味が入った文章になりがちです。文章が長すぎるかどうかを判断する基準として、**実用文では「1文50文字以内」で書くことがよいとされています。**一区切りずつ読むときに、頭の中で整理しやすく、理解しやすい情報の分量なのです。

「〜すると」「〜なので」「〜によって」「〜

だが」などの接続詞を頻繁に使うと、文章が長くなりがちです。一文一義でなくなり、複数の意味が入った文章になります。書いたあとに見直して、文が長くないか、一文一義になっているかどうか確認しましょう。

図3－⑱は、先に挙げた図3－⑪の手順2の文章が整理されていない例の1文です。1文で102文字と文章が長く、複数の内容が入っているために、何度か読み返して意味を把握しなくてはなりません。

3-8 箇条書きを活用して一覧性を良くする

作業手順や操作説明をするときに、複数の項目を並列して説明したいことがあります。このようなときは、箇条書きを使います。**箇条書きにすると一覧性が良くなり、情報をぱっと把握しやすくなります。**

▼箇条書きで整理する

次の図3-⑲は、図3-⑪でブロック化した内容の一部を箇条書きにしたものです。「準備するもの」と見出しを付け、箇条書きで整理しています。文章で書くよりも、ぱっと見て読み取りやすくなっています。並列する情報を短くまとめたいときに使えるテクニックで、メールや報告書にも応用でき

会議室のプロジェクターを準備する

会議ではプロジェクターをパソコンに接続して、資料を投影しましょう。印刷物を配布する手間が省けます。

・準備するもの

プロジェクター：会議室の備品

付属物：電源ケーブル

接続ケーブル（Windows 用、Mac 用）

リモコン

※ 不足している場合は、総務部までご連絡ください。

図3-⑲　箇条書きで整理している例

スマートフォンSENDENKAIGI-01スペック

- 4G LTE
- 生活防水
- 世界ローミングサービス
- ワンセグ放送
- おサイフケータイ
- GPS
- バッテリー節電
- テザリング
- ハイレゾ音楽再生

図3-⑳　箇条書きの項目を確認しよう

ます。

▼箇条書きの項目数は七つ以内におさえる

ぱっと見て情報が掴みやすくなるのが、箇条書きのメリットです。その強みを生かすためには、把握しやすい情報量にコントロールすることが大切です。項目が多すぎると、把握しにくくなります。**箇条書きの項目を七つ以内にするよう留意しましょう。**

認知心理学では、「人が一度にぱっと見て把握できる数は7プラスマイナス2」であるとする研究成果が知られています。多い人で9、少ない人は5になります。これを「マジックナンバー7」と呼んでいます。一覧性が良いからといって多くの項目を並べても、把握できない項目ができてしまうというわけです。

マジックナンバー7を確認するために、項目の多い箇条書きを読んでみましょう。図3－⑳は、スマホの機能を並べた箇条書きです。一通り読んだら本を伏せて、書いてあった項目を書き出してみてください。

いかがでしたか？　項目は全部で9項目ありました。すべて書き出せて簡単だったと感じた人がいる一方で、5項目以下しか頭に残らなかったという人もいるかもしれません。箇条書きを使うときは、項目数に留意しましょう。

製品やサービスの特長のような、より印象づけたい項目では、「三つの特長」というようにさらに情報量をコントロールします。絞り込むことで、何を伝えたいのかをより明確にし、詳細へと説明を進めていけます。

3-9

読み手にとってのメリット、動機付けにつながる文を盛り込む

商品説明文や作業手順書、操作説明書の文章は、ともすれば書き手のロジックになりがちです。「こんなに良いものなのだから、知ってほしい。そして買ってほしい」または、「この作業をこのように行ってほしい」といった気持ちです。

その書き手の気持ちは悪いことではありませんが、それだけでは読み手を

子ども向け携帯電話
SENDEN-KIDSの特長

行動範囲が広がる子どもたちの毎日を守り、家族の安心をかなえます。

■三つの特長

- 安全を守る。ワンタッチ発信、防犯ブザー
- 目立つカラー。汚れが落ちやすい抗菌コート
- 居場所がわかる。親子をつなぐ安心サービス

図3-㉑　読み手の立場で書いた1文を加えた商品説明

説得することはできません。読み手にとって、**それを読んで製品を買ったり、作業をしたりすることでどのようにいいことがあるかを盛り込む**とよいでしょう。相手の気持ちを動かすためのライティング技術は、4章以降で詳しく解説されますが、ロジカルライティングにおいても、相手の読むモチベーションを上げるためのテクニックがあります。

▼読み手の課題解決、メリットを書く

商品説明やサービスを書くときに、

会議室のプロジェクターを準備する

会議ではプロジェクターをパソコンに接続して、資料を投影しましょう。印刷物の準備・配布の手間が省けます。わが社が取り組む環境保護活動にもつながります。ご協力ください。

図3-㉒　メリットや理由を書いた作業説明文

特長を箇条書きで列挙すると、ポイントが一目で伝わりやすくなります。さらにそれらをまとめて、何のための機能なのかを書くと、より特長の各項目が理解しやすくなります。

そのときに書く内容は、あくまでも読み手の立場で何を解決するのか、どのような点で役立つのかを述べましょう。図3－㉑は、子ども向けの携帯電話の商品説明を想定した文章です。三つの特長をまとめて「子どもたちの毎日を守ります」と、携帯電話を子どもに持たせたいと考える家族の気持ちに応える文章を加えています。単に防犯ブザーが付いている、汚れにくく清潔に使える、家族に知らせるサービスもあるなどの個別の機能を伝えるだけでなく、子どもの安全を守ることができるのだ、という一言で表せるメリットをアピールすることで、箇条書きの説明も生きてきます。

▼読み手の課題解決や取り組みにつなげる

作業手順書でも同じです。一方的に会社や担当者から、「○○をするように」と作業を並べ立てたのでは、読み手は「指示のとおりに行っておくか」という受け身にしかなれません。図3－㉒のように、**自分自身の手間が省けること、会社全体の取り組みと連携した組織や社会全体にとってもメリットがあることを伝えると、能動的な行動の動機付けになります。**

▼人を動かすには、読み手のメリットを伝えて、動機を与えることが大事

人は感情を持っているので、単にロジカルに説明されても、気持ちがつい

ていかないと、理解から行動に進めることはできません。一回は言われるままに行っても、続かなかったり、自分なりの工夫が生まれなかったりします。

マニュアルや取説には、決まったワンパターンなやり方を押しつけるものというイメージがあります。ですが、それは書き方次第です。読み手にとってのメリットや、役立つことがわかりやすく書かれていれば、マニュアルは良きガイドになります。そこから自分ならではの工夫が生まれてくるかもしれません。さらに家族や組織、社会にも役立つような取り組みにつながってくるかもしれません。

第4章からは、エモーショナルな部分を動かす文章の書き方を、堀内さんが説明していきます。ロジカルに情報を整理し、感情を動かす文章を使うと、自分が伝えたいことが相手に伝わり、人や社会を動かしていきます。情報整理の技術と、感情に訴えかける表現。その両方を使って、文章力を高めていきましょう。

この章のまとめ

①長文を書くためには、読者の求めるレベルと伝えるべき内容を絞り込む「ペルソナ」手法を使って読み手を具体的に想定する

②長文はまとめて書かずに「トピックライティング」を応用して小分けに整理して書く

③テクニカルライティングの技術を活用すると、より読みやすく理解しやすい文章が書ける

④読む人を行動へと結びつけるには、メリットと動機付けを書く

第4章

感情を動かす
エモーショナルな文章とは

4-1

文章は使い方次第で「武器」になる！

▼文章は単なるコミュニケーション・ツールではない

ここからは文章コンサルタントの堀内が担当させていただきます。

突然ですが、あなたは文章を「武器」として使っていますか？

いきなりこんな質問をされても、「文章が武器ってどういうこと？」といった感じでしょうか。

「文章は単なるコミュニケーションのためのツール（道具）であって、武器として使うなんて考えたこともないよ」という人がほとんどかもしれませんね。

ここで言う「武器」とは、相手を傷つけたり、打ち負かしたりするための武器という意味ではありません。

仕事上のトラブルを回避し、ビジネスで成果を出し続けるための武器という意味で、あなたを強力にサポートしてくれる味方と言ってもいいでしょう。

「文章って武器になるの？」と思った人もいるかもしれませんが、文章は武器になります。使い方次第で、あなたの強力な味方になってくれるのです。

あなたの周りにも、話の上手なトップ営業マンがいるでしょう。

彼らは話術を武器に好成績をおさめているわけですが、それと同じように、文章も武器として使うことで、仕事で成果を出し続けることができるのです。

「でも、文章を武器にするなんて難しそう……」と思った人もいるかもしれませんね。

しかし、そんなことはありません。

なぜなら、これからお話しする「エモーショナル・ライティング」をマスターすれば、誰でも文章を武器として使えるようになるからです。

▼エモーショナル・ライティングに文章力はそれほど必要ない

エモーショナル・ライティングとは、一言で言うと「相手の感情（エモーション）を意識した文章術」のことです。

ここで言う「意識する」とは、「考える」「想像する」「考慮する」「配慮する」「想いを馳せる」「思いやる」といった意味です。

たとえば、「これを書いたら、相手はどう思うだろうか?」「こんな一言を添えたら、相手は喜んでくれるのではないか?」「逆に、こういうことを書いたら、相手の気分を害するのではないか?」といったことを考えながら書いていくわけです。

つまり、相手の気持ちを考えたり、相手のことを想像したりしながら文章を書くので、いわゆる「文章力」は必要ありません。
もちろん、コミュニケーションが成立するためには、こちらの言いたいことが相手に伝わるだけの基本的な文章力は最低限必要です。
しかし、文章の上手い下手は関係ないのです。

エモーショナル・ライティングの一番のポイントは、「どう書くか？」ではなく「何を書くか？（何を書かないか？）」。

わかりやすい例で言うと、事務的になりがちなビジネスメールのやりとりの中で、「くれぐれもご無理なさらないよう、ご自愛ください」といった、相手の心が和むような一言を「追伸」で入れることです。

逆に、相手の心を傷つけたり、怒らせたりするような余計なことを書かないというのもエモーショナル・ライティングのポイントで、たとえば「謝罪する時は言い訳めいたことは書かない」といったことがそれに相当します。

ほかにも、普段なにげなく使っている言葉の中にも、相手の怒りを買ってしまう言葉がありますので、そういう言葉をあえて使わないことも、エモーショナル・ライティングのポイントと言えます。

▼地雷を踏まないようにするのは基本

おそらくあなたも、これまで誰かとメールやメッセージのやりとりをしていて、ムカついた経験があると思います。

特に、友人や知人とのやりとりでは、言葉を選んだり、表現に気を遣ったりする人はそれほど多くはありませんから、「カチン！」ときたことの一度や二度はあることでしょう。

ビジネスシーンでも、たまに失礼なメールがあったりしますから、ムカついたことがある人も少なからずいると思います。

面と向かっての会話であれば、相手の表情や言い方、声のトーンなどによって、キツイ言葉や冷たい言葉もそうではなくなることがあります。

しかし、**相手の表情が見えない文字だけの世界では、そこに書かれた言葉がすべてになるため、会話の時と同じ言葉を使っていても、相手を傷つけたり、怒らせたりしてしまうことがあるのです。**

たとえば、相手から「これはできますか?」と質問されて、即座に「無理です」という答えを返したような場合です。

顔を見ながらの会話であれば、申し訳なさそうに「無理です」と言えば、そんなにぶっきらぼうな印象を与えることはないでしょう。

しかし、メールの場合は、返事が「無理です」の一言だけだったとしたら、まともに取り合ってもらえずに突き放されたような気がして、気分を害してしまう人が多いのです。

図4-① メールでは表情やニュアンスが読めない

▼「～～してください」も地雷になることがある

ほかにも、「ご連絡ください」のような上から目線の言葉遣いや、「前にも言ったはずです」のような決めつけたモノの言い方、「少し時間をください。調べてすぐにご返事します」のような人によって感覚の違う言葉なども、相手の反感を買う原因になりますので注意が必要です。

特に、「ご連絡ください」は丁寧な表現なので、一見すると問題なさそうに思えるかもしれません。

しかし、部下が上司にお願いする時のように、お願いする立場の人間が「～～してください」と書くと、受け取ったほう（お願いされたほう）は、「～～してくれ！」と命令されているように感じるのです。

したがって、お願いする立場の場合は、「ご連絡いただけますようお願いいたします」「ご連絡いただけると幸いです」などと書くようにしましょう。

何が地雷になるかは、相手の気持ちを考えればわかることです。

① エモーショナル・ライティングとは、相手の感情（エモーション）を意識した文章術

②「意識する」＝「考える」「想像する」「考慮する」「配慮する」「想いを馳せる」「思いやる」

③ ポイントは、「どう書くか?」ではなく「何を書くか?（何を書かないか?）」

④ 地雷になる言葉

×（「これはできますか?」と聞かれて）「無理です」

→○ **「上司と相談してみます」「努力してみますが、難しいかもしれません」など**

×「ご連絡ください」

→○ **「ご連絡くださいますようお願いいたします」**

×「前にも言ったはずです」

→○ **「前にも申し上げたと思うのですが……」**

×「少し時間をください。調べてすぐにご返事します」

→○ **「お時間をください。調べて1時間以内にご返事します」**

図4-② エモーショナル・ライティングとは?

自分が言われて嫌なことは、相手も嫌なわけですから、メールを書き終えたら、送信ボタンを押す前に、**「もし自分がこのメールを受け取ったらどんな気分になるか?」という視点で読み返すことを強くおすすめします。**

これはエモーショナル・ライティングの基本中の基本ですので、必ず実践するようにしてください(図4−②)。

4-2

ビジネス文章は「論理」だけでなく「感情」も重要!

▼人は感情で動く

あなたはビジネス文章を書く時、何を重視していますか?

日本語として正しい文章を書くことですか？
伝えるべき情報を漏れなく伝えることですか？
論理的でわかりやすい文章を書くことですか？

もちろん、これらはどれも大事なことです。前半の高橋さんの章でも、それは十分に理解されたと思います。

しかし、私はそれ以上に前述のエモーショナル・ライティングが大事だと考えています。

特に、ビジネス文章においては、相手の気持ちに配慮したり、相手の感情に訴えかけたりすることは欠かせないことだと言っても過言ではないでしょう。

なぜなら、**人は感情で動く動物**だからです。

あなたが最近買ったものの中で、一番高いものは何でしょうか？

洋服ですか？　時計ですか？　車ですか？

では、それを買おうと思ったきっかけは何でしたか？

「必要になったから」というきっかけもあるとは思いますが、多くの場合は「欲しいと思ったから」だと思います。

そうです。多くの人は「欲しい」という感情に動かされてモノを買っているのです。

▼仕事でも好き嫌いの感情に左右されることがある

もう一つ質問です。

もし、あなたが誰かと二人でチームを組んで、あるプロジェクトを遂行しなければならなくなったとしたら、あなたは好きな人と嫌いな人のどちらとチームを組みたいですか？

おそらく大半の人が「好きな人」と答えたのではないでしょうか？

中には「仕事だから好き嫌いは関係ない。どちらでもいい」という人がいたかもしれませんが、たとえ仕事だとしても、「できることなら嫌いな人とは組みたくない」というのが本音なのではないでしょうか。

つまり、ここでも多くの人が「好き、嫌い」という感情に左右されているわけです。

今から30年近く前、私がまだ営業の仕事をしていた頃、当時の上司から「商品を売るより自分を売れ！」と言われたことがありましたが、それは「自分のことを好きになってもらえれば、自然に商品も売れるようになる」という意味だったということが、今となってはよくわかります。

自分が仕入れ担当者の立場だったとしたら、同じような商品が二つあって、どちらを仕入れてもそんなに変わらないとしたら、好きな営業マンの商品を仕入れるに違いないと思うからです。

「情けは人のためならず」。文章も相手のためならず

これはモノを売る時だけの話ではありません。

誰かに何かをお願いしたり、依頼したりする時でもそうです。どんな仕事でも、そういう場面は必ずあるはずです。

そんな時に、**あなたのお願いや依頼を聞いてもらえるかどうかは、あなたが好かれているかどうかにかかってくるのです。**

もちろん、「仕事だからやってください」と言えば、相手も「仕事だからやります」と言ってくれるかもしれません。

しかし、しぶしぶやってくれるのと、喜んでやってくれるのとでは、自ずと成果に違いが出てくるものです。

たとえば、アンケートの回答を依頼した場合、しぶしぶの人は提出期限ギリギリにならないと出してくれないのに対し、喜んでやってくれる人はすぐに出してくれるということが起こります。

だとしたら、喜んでやってもらったほうがいいと思いませんか？
そのほうがアンケートの回収にかかるあなたの負担が減るからです。催促しないと出してくれない人がたくさんいたら大変なのは、容易に想像がつくことでしょう。

つまり、嫌われているよりも好かれているほうが、自分の仕事がやりやすくなり、成果も出やすくなるということ。そして、そのためには、あなたが日頃書いているビジネス文章が重要になってくるということです。

「情けは人のためならず」という諺がありますが、エモーショナル・ライティングもこれと同じだと、私は考えています。

この諺の意味を「情けをかけると、その人のためにならないから、情けはかけるべきではない」と誤解している人も多いようですが、本来は「情けは人のためになるだけではなく、いずれ巡り巡って自分に恩恵が返ってくるのだから、誰にでも親切にせよ」という意味なのです。

したがって、これと同じように、普段からメールなどのビジネス文章を書く際も、**相手の感情に配慮したエモーショナルな文章を書くようにしておけば、それが巡り巡ってあなたのためになるのです。**

▼今のあなたの状態は、あなたが書いてきたビジネス文章の結果である

「そうはいっても、ビジネスなんだから、文章もビジネスライク（事務的）でいいんじゃないの？」と思っている人もいるかもしれませんね。

たしかに、そういう考え方もあるでしょう。

たとえば、あなたが仕事で関わるすべての人と直接会って話すことで良好な関係を保てるのであれば、メールなどの文章はビジネスライクなものでもかまわないかもしれません。

しかし、そうではなく、お客様や取引先とのやりとりのほとんどがメール

だったりするような場合は、文章だけであなたに好感を持ってもらうしかないのです。

近年、メールの普及によって、メールのやりとりだけで仕事が完結するケースが増えてきました。とりわけ、ネットショップのような業種では、お客様とのやりとりはすべてメール、取引先とのやりとりもメールがほとんどというケースが多いようです。

このような仕事環境の人にとっては、メールの印象がすべてと言ってもいいでしょう。

したがって、もし今、あなたの仕事環境がメール中心で、仕事がうまくいっていないとしたら、それはこれまであなたが書いてきたビジネス文章に問題があった可能性が高いと言えます。

つまり、**今のあなたの状態は、これまであなたが書いてきたビジネス文章の結果であると言っても過言ではないのです。**

そういう人は今からでも遅くありません。

ビジネスライクな文章をエモーショナルな文章に変えてみてください。そうすれば、きっとあなたの好感度はアップし、あなたのファンも増えて、仕事がやりやすくなることでしょう。

4-3
メールであなたのファンをつくる

これまで「エモーショナル・ライティングとは何なのか？　そして、なぜエモーショナル・ライティングが必要なのか？」ということについてお話ししてきたわけですが、理解していただけましたでしょうか？

「エモーショナル・ライティングの概要はわかったけれど、具体的にどうすればいいかわからない」という人も多いのではないかと思います。

そこで、ここではメールなどで使えるエモーショナル・ライティングの基本的なことについて紹介しておきたいと思います。

▼自分本位ではなく相手本位で考える

エモーショナル・ライティングでは、「どう書くか？」よりも「何を書くか？」が重要だという話は前述したとおりです。

そして、この「何を」を考えるにあたっては、**「自分本位」で考えるのではなく、「相手本位」で考えることがポイントです。**

具体的には、主に次の三つの視点で考えます。

①何を書けば、相手は喜んでくれるのか？
②何を書けば、相手の役に立つことができるのか？
③何を書けば、相手の手間を省いてあげることができるのか？

では、これら三つの「何を」について、順に説明していきましょう。

何を書けば、相手は喜んでくれるのか？

一つ目は、相手が喜びそうなことを書くことです。

では、相手が喜ぶこととは何なのか？

一番わかりやすいのは、「ほめる」ことです。ほめられて嫌な気分になる人はいませんので、どんな些細なことでもいいので、ほめることです。

たとえば、相手が社内の人で顔を合わせる機会の多い人であれば、「今日のネクタイ、よく似合ってますね」「さっきの万年筆、カッコよかったですね」「先日の会議での発言、すごく共感しました」といった一言を、メールの「追伸」で書くわけです。

その一言だけをわざわざメールで送ると、不審に思われかねませんので、あくまで仕事のメールの「ついでの一言」という形をとるようにしましょう。

また、追伸とはいえ、ダラダラと長い文章を書いてしまうと、仕事中に余計なことをしていると思われる可能性もありますので、1行程度にするよう心掛けてください。

一方、相手が社外のお客様や取引先の人で、面識がなく、メールのやりとりだけの人の場合は、先ほどのような「ほめポイント」は見つけにくいかもしれません。しかし、探せば必ずあるものです。

たとえば、メールの文章のわかりやすさや、読みやすいレイアウト、文章から感じられる気遣い、返信の速さなど、メールの中にもほめポイントはたくさんあります。

したがって、そういうものを見つけて、「○○さんの文章は本当にわかりやすいです」「いつも素早く対応していただき、すごく助かっています」のように追伸でほめるのです。

このような**ほめポイントを見つけるためには、常に相手に関心を持つようにすることが大切です。**

相手に関心がなければ、いざほめようと思っても何も思い浮かばないというこことになりますので、メールのやりとりがある相手に対しては、普段から関心を持っておくようにしましょう。

できれば、ほめポイントを発見したら、忘れないように手帳などにメモしておくことをおすすめします。

▼何を書けば、相手の役に立つことができるのか？

二つ目は、相手の役に立つことを書くことです。

相手の役に立つとは、たとえば相手にとって有益な情報を提供すること。「お探しの情報は、このサイトに載っていましたよ」「先ほどおっしゃっていた問題を解決するには、この本が役に立つのではないかと思います」「最近、駅前にできた蕎麦屋、おいしかったですよ。お蕎麦、お好きでしたよね」といった情報を、メールの追伸で書くわけです。

仕事関係の情報であれば、「ついで」ではなく、情報提供だけのメールでもいいでしょう。

「私はそんな情報通じゃないので……」という人もいるかもしれません。しかし、今の時代、インターネットで調べれば、結構出てくるものです。

もちろん、情報の精度も大事です。情報提供するからには、精度の高い情報を提供すべきではあります。

しかし、少しくらい情報の精度が低くても、相手は「わざわざ自分のために時間をつくって調べてくれて、それを知らせてくれた」ということ自体がうれしいので、精度が低いせいであなたの評価が下がることはありません。

むしろ、**情報提供をした時点で、あなたの評価は一気に上がることでしょう。なぜなら、そういうことをする人がほとんどいないからです。**

このような情報提供をするためには、先ほどと同様、常に相手に関心を持っておくことが大切ですし、気づいた時点でメモを取ることも必要でしょう。

また、提供できる情報がない時でも、「何かお困りごとはありませんか？」「何か私にできることがあれば遠慮なくおっしゃってください」といったお伺いの一言を添えるだけでも効果がありますので、ぜひ実践してみてください。

何を書けば、相手の手間を省いてあげることができるのか？

三つ目は、相手の手間を省いてあげることです。

あなたはこんな経験はありませんか？

取引先とメールのやりとりをしている中で、相手から「お手数ですが、その資料をＦＡＸで送ってもらえませんか？」と言われ、ＦＡＸを送ろうとしたら、相手のＦＡＸ番号がメールに書かれていなくて、わざわざ名刺ホルダーから相手の名刺を探し出して、やっとＦＡＸを送ったというような経験です。

私は過去に何度かあります。そして、その度に、私は心の中でこう叫んでいました。

「ＦＡＸを送れと言うなら、メールにＦＡＸ番号を書いておいてくれよ〜！」と。

郵送の場合も同じです。郵送で送れというなら、住所を書いておいてほしいわけです。もちろん、郵便番号もセットで。

調べればわかるとはいえ、調べるのは面倒ですから、できることならメールに書いておいてほしいと思うのは、私だけではないでしょう。

必要な情報は、必要になる度に書く――。

これが相手の手間を省いてあげるということの一例です。

ほかにも、こんなケースがあります。

何度かメールのやりとりをしている中で、突然「そういえば、この前の質問の件ですが……」とか、「あの件はどうなりましたか？」といった一言だけのメールが来たときです。

あなたはこんな経験はないですか？　私には結構あり、その度に「ちょっと待って……。えっ、どの件？」と思ってしまうのです。

過去のやりとりの履歴がそのメール内に残っていれば、そのメールだけから探すことができるのでまだラクなのですが、履歴を残さずに毎回新規にメールを書いてくる人の場合は、「その件」を探し出すのに苦労するわけです。

したがって、こういう場合は、相手の手間を省いてあげるという意味でも、「どの件」かが一目でわかるように「この前質問した納品日の件ですが……」とか、「カメラマンを紹介してほしいとお願いしていた件は、どうなりましたでしょうか？」というように、**それだけを読めば何のことかがわかるように書いてあげることが、相手の手間を省いてあげることになるのです。**

①何を書けば、相手は喜んでくれるのか?

●追伸でほめる

「今日のネクタイ、よく似合ってますね」

「さっきの万年筆、カッコよかったですね」

「先日の会議での発言、すごく共感しました」

「○○さんの文章は本当にわかりやすいです」

「いつも素早く対応していただき、すごく助かっています」

②何を書けば、相手の役に立つことができるのか?

●追伸で有益な情報を提供する

「お探しの情報は、このサイトに載っていましたよ」

「先ほどおっしゃっていた問題を解決するには、この本が役に立つのではないかと思います」

「最近、駅前にできた蕎麦屋、おいしかったですよ。お蕎麦、お好きでしたよね」

●お伺いの一言を添える

「何かお困りごとはありませんか?」

「何か私にできることがあれば遠慮なくおっしゃってください」

③何を書けば、相手の手間を省いてあげることができるのか?

●必要な情報は、必要になる度に書く

□指示語はなるべく使わない

×「そういえば、この前の質問の件ですが……」

→○**「この前質問した納品日の件ですが……」**

×「あの件はどうなりましたか?」

→○**「カメラマンを紹介してほしいとお願いしていた件は、どうなりましたでしょうか?」**

図4-③　自分本位ではなく相手本位で考える

▼小手先のテクニックも継続すれば本物になる！

ここまで読んできて、「なんだ、エモーショナル・ライティングって、なんだか小手先のテクニックだな～」とか、「文章術じゃなくて単なる処世術じゃないか！」と思った人もいることでしょう。

もちろん、そういう側面があることは否定しません。

また、そういう気持ちでエモーショナル・ライティングを使ったとしても、一定の効果は期待できます。

ですから、メールのやりとりをはじめとしたビジネス文章にも、ぜひエモーショナル・ライティングを取り入れてほしいと、私は本気で思っています。

小手先のテクニックだから使わない、処世術にすぎないから使わないというのではなく、一つでもピンと来るものがあったら、ぜひ実践してほしいのです。

そして、できれば継続してください。

そうすれば、きっとあなたの周りは、あなたのファンでいっぱいになっているることでしょう。**小手先のテクニックも使い続ければ、やがては本物になるのです。**

その結果、あなたの仕事も自然とうまくいくようになっているはずです。

次章では、企画書やプレゼン資料、チラシのような、誰かに何かを提案する時の文章で、エモーショナル・ライティングをどのように使えばいいのかということについて説明します。

この章のまとめ

①エモーショナル・ライティングとは、書くテクニックではなくて書く内容に関する技術である

②書く内容と書き方が、人の感情に触れるため、書き方次第で相手のアクションが変わる

③相手のことを考えて書く「気遣い」のテクニックが、自分のために動いてくれる「自分のファン」を増やす

第5章
相手に納得してもらう、提案で生きる文章
〜企画書、プレゼン資料、チラシ〜

5-1 提案が受け入れられない理由とは？

企画書やプレゼン資料、チラシのような、誰かに何かを提案する文書の目的は、当然のことながら相手に自分の提案を受け入れてもらうことです。けっして見た目がキレイな文書をつくることでも、カラフルな文書をつくることでもありません。提案を受け入れてもらえなければ、意味がないのです。

では、提案を受け入れてもらうためには、どうすればいいのか？　前半のロジカルライティングの手法も交えて、解説していきます。

▼こちらの主張を一方的に書いてもダメ

提案が受け入れられない理由を一言で言うと、自分の言いたいことだけを書いているからです。

たとえば、「こうしてほしい」というように、こちらの意見や要望だけを一方的に書いているようなケースです。

もちろん、このような一方的な主張でも、理由によっては相手に受け入れられることもあるでしょう。

しかし、多くの場合、**自分都合の一方的な主張の場合は、「それはあなたの都合でしょ！」と言われて終わり、となるのがオチなのです。**

実際、かつての私がそうでした。

食品メーカーの営業をしていたとき、新商品が出ると、決まってスーパーの担当者に「新商品なので、とにかく一度、店頭に並べてみてください。お願いします」と、自分都合のお願いばかりしていました。

当然、営業成績は良くありませんでした。つまり、自分都合の一方的な主張やお願いだけではダメなのです。

▼商品・サービスの特長を書くだけでは刺さらない

ほかにも、自社の商品やサービスの特長を延々と書くような場合も同様です。これも一方的な主張であって、これでは提案が受け入れられる確率はかなり低くなります。

「特長を書くことの何がいけないの？」と思った人もいるでしょう。

しかし、商品・サービスの特長というのは、あくまで自社の視点で考えたものであって、その特長がお客様のニーズに合っているとは限らないのです。

たとえば、「世界一硬い豆腐」を開発したとしましょう。当然、特長は「どんな豆腐よりも硬いこと」になります。

しかし、そんな豆腐を欲しがる消費者がいるでしょうか？

これは極端な例ですが、実際、商品・サービスの特長と、お客様のニーズのミスマッチが、いたる所で起こっているのが実情なのです。

「でも、特長をいくつか挙げておけば、お客様がその特長の中から自社のニーズに合った特長を選んでくれるのでは？」と思ったあなた。

確かに、そういうケースもあるでしょう。

しかし、現実には、そういうケースばかりとは限りません。

なぜなら、お客様自身の中でニーズが顕在化していない場合があるからです。この場合、潜在的なニーズはあったとしても、お客様自身がそれに気づいていないため、その商品・サービスの特長が自社の問題を解決してくれるとしても、必要性を感じないということになります。

また、実際にその商品・サービスを使う現場の人たちの声が、仕入れ担当者に伝わっていないような場合も同様です。

このような場合も、仕入れ担当者は現場で起こっている問題や現場が抱えている課題を知りませんので、その商品・サービスの特長が刺さらず、必要性を感じないということになるのです。

こちらの意見や要望だけを一方的に書いているだけ

×

「新商品なので、とにかく一度、店頭に並べてみてください。お願いします」

「売れるまで会社に戻れないんです」

自社の商品・サービスの特長を書いているだけ

×

「この商品は新たに○○の機能が追加され、グレードアップしました」

「この商品の特長は三つあります。一つ目は○○なこと。二つ目は□□なこと。三つ目は△△なことです」

図5-① 提案が受け入れられない理由

5-2

どうすれば提案が受け入れられるようになるのか?

▼相手の課題を整理し特長とつなぐ

では、どうすればこちらの提案が受け入れられるようになるのか?

それには、まず相手の課題を整理することです。

前述したように、ニーズがあっても担当者が気づいていなかったり、問題や課題が担当者に伝わっていなかったりするケースがあります。

したがって、それに気づいてもらうために、こちらから「現在、御社にはこのような課題があるのではないでしょうか?」ということを提案書の中に書くことが、こちらの提案を受け入れてもらうための第一歩となるのです。

これは社内で何かを提案する場合も同じです。

課題があって初めて、それを解決するための提案が生きてきますので、まずは課題を見つける作業から始めることが大切なのです。

▼課題の見つけ方

「でも、相手の課題を見つけるのって難しくないですか？」という声が聞こえてきそうですが、これは相手との関係次第と言えるでしょう。

たとえば、相手から提案してほしいという依頼を受けて提案する場合は、事前に相手からオリエンテーションを受けていることが多いので、その中に課題がある場合がほとんどです。したがって、その課題を提案書の中に書けばいいでしょう。

問題は、相手に対してこちらから一方的に提案する場合です。こういう場合、オリエンテーションを受けていないため、自分で課題を見つけるしかあ

✕

自社商品・サービスの特長だけを書いても刺さらない

「当社の新製品の特長は○○です」

改善後

○

自社商品・サービスが相手の課題を解決できることをアピールする

「**現在、御社は○○という課題を抱えておられるのではないでしょうか。もし、そうだとすれば、当社の新サービスが御社の課題解決に役に立つと思います。**なぜなら、この新サービスには△△という特長があるからです」

図5-② 課題と特長をセットでアピールする

りません。飛び込み営業の場合は、こういうケースがほとんどでしょう。

では、こういう場合、どうやって課題を見つければいいのか？

それにはリサーチするしかありません。

提案書を書く前に、相手に会ってヒアリングをするとか、電話で聞くとか、相手をよく知る人に話を聞くとか、いろいろ方法はあると思います。

まったく接点がない場合でも、相手の会社のホームページを隈なく見るなどして、課題を見つけることです。

もちろん、ホームページに「これが課題です」とか、「こういう問題で困っています」というズバリの答えが書いてあることはありません。

しかし、ホームページの情報から類推して、「こんな課題があるのではないか？」という仮説を立てることはできるのです。

たとえば、急成長している会社であれば、

「優秀な人材の採用で苦労しているのではないか？」

「オフィスが手狭になっているのではないか？」

「社員が増えてパソコンなどの需要が発生しているのではないか？」

「社員教育の問題で困っているのではないか？」

といったことが考えられるわけです。


そこで、このような課題をベースにしながら仮説を立て、その課題を解決できる自社商品・サービスの特長を提案書の中に盛り込んでいくのです。

繰り返しますが、自社商品・サービスの特長だけをアピールしても、相手の心には響きません。

しかし、**相手の課題と自社商品・サービスの特長をセットでアピールすることによって、相手の心に響くようになるのです。**

5-3 「メリット＋証拠」で理性を納得させる

▼提案を受け入れたほうがいい理由を伝える

相手の課題が何で、それを自社商品・サービスが解決できるということをきちんとアピールすることができれば、相手の理性を納得させることができます。

それだけでこちらの提案が受け入れられることもあるでしょう。

しかし、実際にはそうならないケースもあります。

その場合、どうすればいいのか？

それは、次の二つのことを書くことです。

一つ目は、この提案を受け入れたほうがいい理由を、相手に伝えることです。

こう書くと、おこがましい言い方に聞こえるかもしれませんが、要は相手のメリットを伝えるということです。

この提案を受け入れれば、相手にどんな未来が待っているのかを、具体的にイメージさせる――。

たとえば、「年間100万円のコストダウンができるので、その分、利益がアップする」といったことです。

ポイントは、「利益がアップする」といった抽象的な表現だけではなく、数字を入れるなどして具体的に書くこと。そうすることで、相手は未来を具体的にイメージすることができるようになるのです。

▼裏づけとなる事実を並べる

二つ目は、先ほど挙げた相手のメリットの裏づけとなる事実を書くことで

す。

たとえば、「年間100万円のコストダウンができるので、その分、利益がアップする」というメリットがあるのだとすれば、実際にそういう効果のあった企業の事例を列挙することです。

このような事実が書かれているのと、書かれていないのとでは、天と地ほどの差があります。

なぜなら、事実が書いてあると、それが証拠になるからです。

「こんなメリットがあります」と提案者が100回言ったところで、なかなか信用してもらえません。

しかし、実際にそのメリットを享受している企業があるという事実を示せば、信用につながるのです。

その数が多ければ多いほど、信用力は高くなると言えるでしょう。

× 「この商品をお使いいただくと、利益がアップします」

改善後

○ **「この商品をお使いいただくと、年間100万円のコストダウンができますので、その分、利益がアップすることになります」**

× 「このシステムを導入していただくと、作業時間が短縮できます」

改善後

○ **「このシステムを導入していただくと、従来30分かかった作業が20分でできるようになり、10分の短縮になります。この作業が月に100回あるとすれば、1000分（16.7時間）の作業時間が短縮できます」**

図5-③　相手のメリットを具体的に書く

ちなみに、このことは、チラシなどで一般の消費者に提案する場合も同じです。

チラシに「お客様の声」が載っているのを見たことがあると思いますが、それがまさに「裏づけとなる事実」、すなわち証拠なのです（図5－④）。

ここまで書けば、相手の理性はかなり動いているはずです。したがって、あとは価格や納期などの条件次第ということになるでしょう。

○ この商品をお使いいただくと、年間100万円のコストダウンができますので、その分、利益がアップすることになります。すでに下記の企業様に導入いただき、喜びの声を頂戴しております。

○○○○株式会社様、株式会社△△△△様、□□□□株式会社様、株式会社◎◎◎◎様、◇◇◇◇株式会社様など。

○ お客様から頂戴した喜びの声の一部をご紹介します。

最初は本当に効果があるのか疑っていました。しかし、実際に使ってみると、その効果にビックリ。今では手放せなくなってしまいました。

図5-④　メリットの裏づけとなる事実を書く

5-4

頭だけでなく、心も納得させるには？

▼三つのことを書いて相手の心を打つ

これまでお話ししてきたことは、主に相手の頭（理性）を納得させるロジカルライティングの手法でした。

これで十分なケースもあるのですが、エモーショナル・ライティングでは、最終的に相手の心（感情）にもしっかりと訴えかけます。

相手の心（感情）に訴えかけて、相手の心（感情）を納得させるのです。

では、具体的には何を書けばいいのか？

それは、自分の「熱い思い」を書くことです。

たとえば、次のようなことを書きます。

①この提案（商品・サービス）に、どんな思い入れがあるのか？
②相手にどうなってもらいたいのか？
③どんな世の中をつくりたいのか？

①については、「自分がどういう思いでこの提案をしたのか？」、あるいは「この商品・サービスに対してどんな思い入れがあるのか？」を書きます。

たとえば、「自分はこの商品・サービスの開発に携わったので、多くの企業に広めたい」「この商品・サービスはこんな思いで開発されたので、こんなことで困っている人に使ってほしい」といったことです。

②については、「この提案を受け入れることで、相手にどうなってほしいのか」を書きます。

たとえば、「この商品・サービスを使うことで利益をアップさせ、強い会社になってもらいたい」「この商品・サービスを使うことで一人でも多くの人に幸せになってもらいたい」といったことです。

③については、「自分は今の仕事を通じてどんな世の中をつくりたいのか」を書きます。「世の中をつくりたい」と言うと、ちょっと大げさかもしれませんが、「こんな世の中になったらいいな」くらいの感覚でかまいません。

社会的使命感を持って仕事に取り組んでいることが伝わればＯＫです。

たとえば、「○○で困っている人がいない社会をつくりたい」「世の中から○○で悩んでいる人をなくしたい」といったことです。

ところで、あなたは使命感を持って仕事をしている人と、そうではない人とでは、どちらの人から商品・サービスを買いたいですか？

私なら断然、使命感を持って仕事をしている人です。

おそらく、あなたもそうではないかと思います。

①どんな思い入れがあるのか?

○「私は商品開発プロジェクトのメンバーとして、この商品の開発に携わってきました。これまで多くのお客様から直接お聞きしたご要望を、営業の立場からできる限り商品に反映させてきたつもりです(※1)。お客様にご満足いただける商品ができたと自負しておりますので、ぜひ多くの企業様に使っていただきたいと思っております(※2)」

(※1) 自分の意見や考えだけでなく、お客様から聞いた要望なども商品開発に反映していることを書く。

(※2) 商品に対する自分の熱い思いを書く。

②相手にどうなってもらいたいのか?

○「この商品をお使いいただければ、あなたの○○の悩みは約2週間で解消できます。そうすれば、あなたはもう○○についてコンプレックスを感じることはなくなるでしょう(※1)。私たちはこの商品で、あなたに人生を変えていただきたいと思っています(※2)」

(※1) この商品を使うことによるメリットを書く。

(※2)「人生を変えてほしい」「自分に自信を持ってほしい」など、この商品のメリットを享受することで、どうなってもらいたいかを書く。

③どんな世の中をつくりたいのか?

○「世の中には、○○で困っている企業がたくさんあります。私たちはこのサービスの提供を通して、△△な社会を実現したいと考えています(※)」

(※)「職場の人間関係で辞める人がいなくなる社会を実現したい」「すべての人がイキイキ働ける社会を実現したい」「事故ゼロの社会を実現したい」「差別のない世の中をつくりたい」など、自社商品・サービスを普及させることで、どんな世の中をつくりたいのかを書く。

図5-⑤　自分の熱い思いを書く

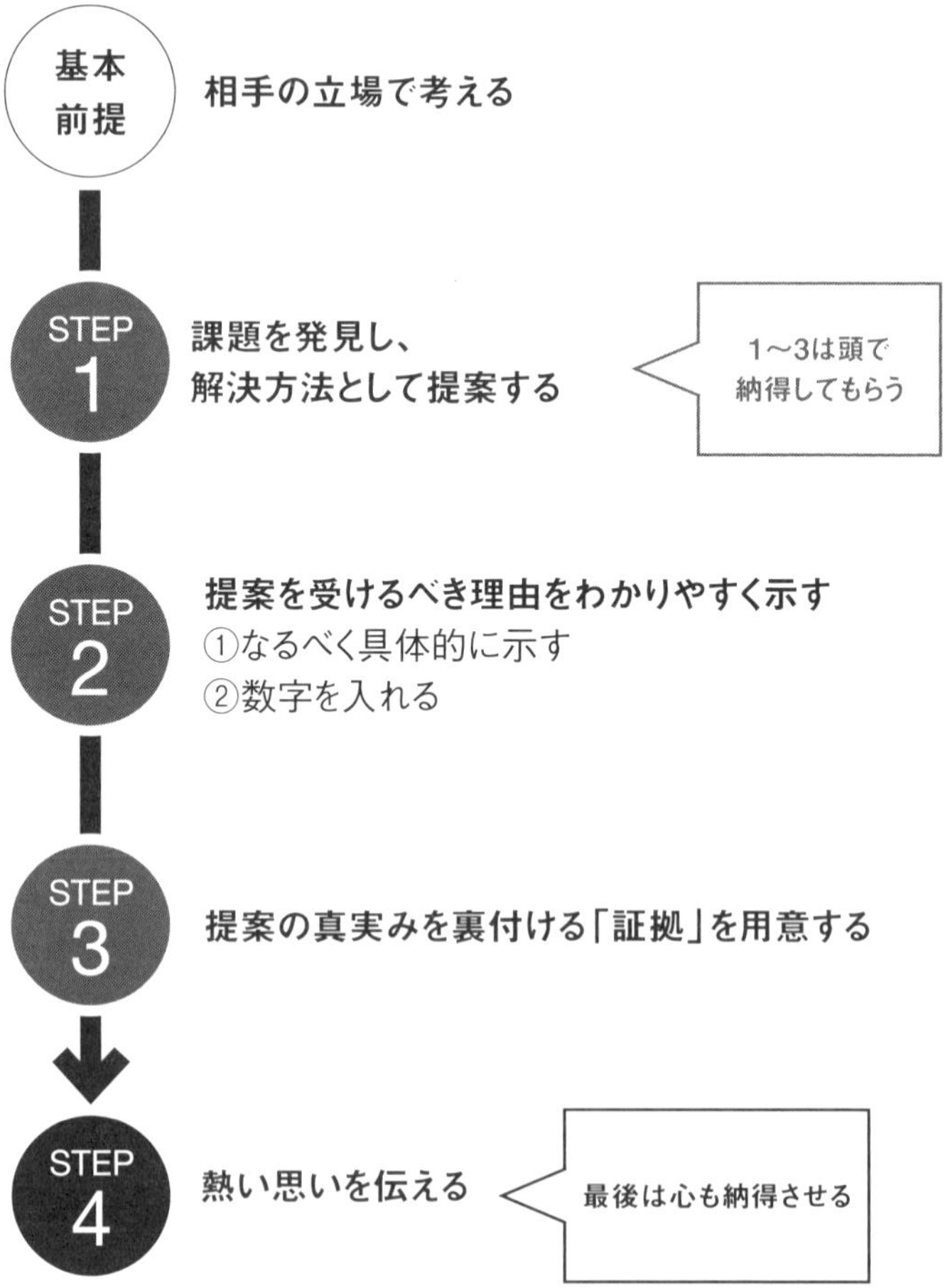

図5-⑥　提案で生きるライティングの方法

こうした熱い思いを持って仕事をしているということは、あえて言葉にしないと相手には伝わりません。

プレゼンの場で、口頭で話せるチャンスがあるのであれば、提案書の中にわざわざ盛り込む必要はないかもしれません。

しかし、話す機会がない場合や、提案書が独り歩きした場合のことを考えれば、自分の熱い思いを提案書の最後に付け加えておいたほうがいいでしょう。

それが相手の心（感情）を納得させることになるのです。

この章のまとめ

①企画書稟議や商品の販売で、自分の提案を受けてもらうためには、まず「相手の立場」で課題を整理し提案の必然性と結びつける

②具体的な理由と数字によるメリット、実名などを含む証拠を揃えること

で理性を納得させる
③心に響くような熱い思いを最後にまとめ、感情も納得させられるように
ダメ押しする

第6章
相手に感動してもらう、依頼で生きる文章
～依頼状、お願いメール～

6-1

依頼が受け入れられない理由とは？

どんな仕事でも、誰かに何かをお願いする機会はあると思います。

相手が社内の人の場合もあるでしょうし、社外の人の場合もあるでしょうが、いずれにしてもお願いをするという点では同じなわけです。

もちろん、相手のあることですから、自分の願いが１００％受け入れられることはありません。

相手の都合で「受けたい気持ちはあるけど、その日はどうしても無理」という場合もあるからです。

したがって、こちらの依頼を受け入れてもらえる確率を常に100%にするのは難しいですが、エモーショナル・ライティングを使うことで、その確率を上げていくことはできます。

その話をする前に、依頼が受け入れられない人が陥りがちな落とし穴からお話しすることにしましょう。

▼上から目線にならない

自分の依頼が相手に受け入れられない理由として一番多いのは、自分の立場をわきまえていないというものです。

その一つが、お願いする立場にもかかわらず、上から目線の言い方になっているようなケースです。

もちろん、わざと上から目線でお願いする人はいないでしょう。しかし、**知らず知らずのうちに上から目線になっていることが、意外とあるものなのです。**

たとえば、相手にお願いする立場の人間が「〜〜してください」と書いてしまうケース。前述したように、「〜〜してください」は丁寧語ですが、お願いされたほうは「〜〜してくれ！」と命令されているように感じるものなのです。

部下が上司に企画書のチェックを依頼するような場合、「今日中にチェックしてください」などと書いてしまうと、上司の反感を買うことになります。また、お客様にアンケートの回答などを依頼する場合も、「○日までにアンケートにご回答ください」などと書いてしまうと、アンケートの回答率は下がってしまうことでしょう。

ほかにも、上司やお客様など立場が上の人に対して、自分の意見や考えを述べる際、「その問題については、絶対○○です」「その件は、○○したほうがいいです」のように断言してしまうのも、良い印象を与えません。

①上から目線の言い方になっている

図6-① 依頼が受け入れられない理由1

「その問題については、私は○○だと思いますが、いかがでしょうか?」「その件は、○○したほうがいいと思いますが、どう思われますか?」というように、相手にお伺いを立てる書き方のほうがいいでしょう。

▼一方的に決めつけない

もう一つは、「当然こちらのお願いを聞いてくれるもの」「仕事なんだから協力してくれるのが当たり前」というような決めつけた感じになっているケースです。

たとえば、誰かに仕事を依頼する場合、受けてくれるかどうかの返事を求めることなく、受けてくれる前提で打ち合わせの日時を「いつにしましょうか?」などと聞いているメールをたまに見かけます。

このようなメールをもらうと、「おい、おい、ちょっと待ってくれよ。まだ引き受けるとは言っていないよ」となってしまい、引き受けるつもりだっ

②勝手に決めつけてしまっている

× 「昨日お願いしたインタビューの件ですが、25日の午後はいかがでしょうか?」

改善後

○ 「昨日お願いしたインタビューの件ですが、ご検討いただけましたでしょうか? もし、お引き受けいただける場合は、25日の午後でお願いできればと考えております。お忙しいところ恐縮ですが、ご返事いただけましたら幸いです」

図6-② 要望が受け入れられない理由2

たのに、やっぱりやめようとなってしまうこともあるのです。

誰かに何かをお願いする場合は、**自分の立場をわきまえ、上から目線にならず、決めつけずに書くことが重要なのです。**

▼依頼を受け入れてもらう三つのポイント

では、どうすればこちらの依頼（要望）を受け入れてもらえるようになるのか？

ポイントは次の三つです。

①依頼したいことを整理する

②あなただから依頼をしている、ということを伝える

③やりがいの感情を生み出す

順に説明していきましょう。

6-2 依頼したいことを整理する

一つ目は、相手に依頼したいことを整理することです。

これは依頼文の基本中の基本と言っても過言ではないでしょう。

なぜなら、依頼内容がきちんと整理されていなければ、相手が依頼を受けるかどうかを判断することができないからです。

▼依頼内容は5W2Hで書く

では、どのように整理すればいいのか？

依頼内容にもよりますが、依頼文に書くべき要素は、基本的に次の七つです。前半の高橋さんのパートでもありましたが、ここでは少し内容が異なりますので改めて掲載します。

①誰にお願いしたいのか？（WHO）
②何をお願いしたいのか？（WHAT）
③いつまでにお願いしたいのか？（WHEN）
④どこでお願いしたいのか？（WHERE）
⑤なぜお願いしたいのか？（WHY）
⑥いくらでお願いしたいのか？（HOW MUCH）
⑦いくつお願いしたいのか？（HOW MANY）

この7項目のどれかが抜けていたり、わかりにくかったりすると、相手は判断できないことになります。

たとえば、誰かに講演をお願いする場合、「いつ」という日時が抜けていたり、「どこで」という場所が抜けていたりすると、相手は判断できません。

また、「いくらで」という講師料が抜けている場合も、判断しにくいものです。依頼する側としては、予算が少ない場合はなかなか書きにくいものですが、講師によっては「安い仕事は受けない」という人もいますし、「値段じゃない」という人もいますので、正直に書いておいたほうがいいでしょう。

ちなみに、講師料や仕事のギャランティが安くても、依頼の仕方によっては受けてもらえる可能性もあります。

それは相手の感情に訴えかける依頼の仕方で、まさにエモーショナル・ライティングです。これについては、このあと詳しく説明します。

6-3
あなただから依頼をしている、ということを伝える

社内の人に何かの協力をお願いする場合でも、社外の人に仕事を依頼する場合でも、どうしてもこの人に引き受けてもらいたいというケースはあると思います。

このような場合、たとえ依頼内容がきちんと整理されていたとしても、文章がビジネスライク（事務的）なものだと、なかなか引き受けてもらえないケースが多いと言えます。

以前、私が雑誌のライターをしていた頃、私は毎月のように有名人に対して取材依頼書をＦＡＸで送っていました。

多いときで7～8人、少ないときでも2～3人に送っていたのですが、なかなか取材に応じてもらえず、締め切りが迫ってくる中で、やきもきしていたのを覚えています。


なぜ、取材に応じてもらえなかったのか？

それは、私が送っていた取材依頼書が、まさに「ひな型を使ったビジネスライクなもの」だったからです。

今でも覚えていますが、その取材依頼書には先ほど挙げた7項目しか書いていませんでした。

しかも、それらは箇条書きで、一つの項目につき1～2行の短いものだったため、相手の感情に響くことはなかったのです。

▼「なぜ、自分なのか？」

では、どう書けばよかったのか？

昔の自分にアドバイスをするとしたら、まずは**「あなただから依頼をしている、ということを書きなさい」と言うでしょう。**


これが、こちらの要望を受け入れてもらうための二つ目のポイントです。

これは依頼される側の立場になって考えればわかることなのですが、取材の依頼にしても、講演の依頼にしても、仕事の依頼にしても、何かの協力依頼にしても、依頼されたほうは「なぜ、自分なのか？」というのが一番気になるところです。


もし、あなたが取材を受ける立場だったとしたら、どちらの取材依頼を受けるでしょうか？

「誰でもいいんだけど、とりあえず、あなたに依頼してみました」

「あなたじゃなければダメなんです。ほかの人じゃダメなんです」

ほとんどの人が「後者」と答えたのではないでしょうか。

「誰でもいい」と言われるより、「あなたじゃなければダメ」と言われたほうが、誰でもうれしいに決まっているからです。

▼あなたじゃなければいけない理由が大事

ただし、当然のことながら、「あなただから依頼をしている」とだけ書いても効果はありません。

なぜなら、**「なぜ、あなたなのか?」という理由が重要**だからです。

これについては、その人に対する情報収集が必要でしょうし、どういう理由にするかという知恵も絞らなければいけないでしょう。

しかし、これがビシッと決まれば、相手の感情を動かすことができるのです。

何を書くかは、依頼の内容や相手によっても変わりますので一概には言えませんが、たとえば取材や講演の依頼であれば「今回、誰にお願いするかを決めるにあたって、いろんな本を読んだ中で、私たちがやろうとしている企画のテーマに一番合致していたのが、あなたが著書で述べられている考え方だった」というようなことでしょう。

また、仕事の依頼であれば、「今回、この仕事をお願いする人を探すにあたって、いろんな人の作品を見てきた中で、私たちが求めるクオリティーを上回る作品をつくっているのがあなただけだったから」といったことでしょう。

このような「あなたじゃなければいけない理由」を具体的に書くことができ、それが相手の琴線に触れるものになっていれば、多少ギャランティが安くても引き受けてくれる可能性が高くなるのです。

また、「あなたじゃなければいけない理由」を書く際は、相手の活躍した

×

「今回、『日本の教育問題について』というテーマで講演会を開催することになりました。つきましては、○○様に講師をお願いしたいと考えております。ぜひ、お引き受けくださいますよう、よろしくお願い申し上げます」

改善後

○

「今回、『日本の教育問題について』というテーマで講演会を開催することになりました。つきましては、**教育問題に関するご著書も多く、教育問題の第一人者でおられる○○様に講師をお願いしたいと考えております。○○様がご著書『日本の教育問題の処方箋』の中で述べておられた△△という考え方に、非常に共感しております。**ぜひ、お引き受けくださいますよう、よろしくお願い申し上げます」

図6-③　あなただから講演を依頼したいと伝える

場面や事件、読んだニュースや著作を具体的に書くと、相手も「あれのことか」「あの活動について反響があったのか」と参考になります。
相手が国民的な有名人であるような場合はそのような細かいことまで依頼を精査しませんが、研究者や知識人などの場合は、具体的な理由を参考にする場合も多いと言えます。したがって、「あなたのここを見て共感した」といったことを具体的に伝えましょう。

6-4

やりがいの感情を生み出す

「あなただからこそ依頼している」という心に響くメッセージを送れば、その時点で依頼先の人物のやる気は上がっています。

それをさらに確実なものにするためには、**相手の中にやりがいの感情を生み出すことです。**これが、こちらの依頼を受け入れてもらうための三つ目、最後のポイントです。

やりがいの感情とは、たとえば「この依頼を受ければ、何かいいことがありそうだ」とか、「これはやりがいのありそうな仕事だ」というもので、依頼文を読んだ相手がこのように思えるようなことを書くことが大事なのです。

そもそも依頼を受けてもらって得をするのは依頼者のほうですから、相手は、持ち上げられた状態では「してあげる」といった受け身の心理状態です。それを前のめりの「やってみたい」というベクトルに変えるには、やはり本人になんらかのメリットを感じさせることが必要なのです。

▼相手のメリットを書く

メリットを書く場合、書き方を間違えてしまうと、上から目線に思われてしまうこともあるので注意が必要です。

たとえば、次のようなものです。

「今回の仕事はギャランティは安いですが、多くのマスコミが注目している仕事です。成功すれば、あなたのことをマスコミに紹介してあげますので、あなたの知名度は一気に上がることになるでしょう」

これを読んで、どう感じましたか？

なんだか上からモノを言われているような感じがしませんでしたか？　また、ギャランティが安いことの言い訳にも聞こえかねません。

では、これならどうでしょうか？

×

「今回の仕事はギャランティは安いですが、多くのマスコミが注目している仕事です。成功すれば、あなたのことをマスコミに紹介してあげますので、あなたの知名度は一気に上がることになるでしょう」

▼ 改善後

○

「今回の仕事が成功すれば、当社の三つの子会社の仕事もすべてお願いすることになります。また、今回の仕事は多くのマスコミが注目している仕事ですので、ぜひ良いものをお願いいたします」

図6-④　相手のメリットを書く

「今回の仕事が成功すれば、当社の三つの子会社の仕事もすべてお願いすることになります。また、今回の仕事は多くのマスコミが注目している仕事ですので、ぜひ良いものをお願いいたします」

これは事実だけを淡々と書いているように思えるかもしれませんが、相手がメリットを感じるにはこれで十分なのです。

▼やりがいを感じるポイントとは？

では、「やりがいがありそうな仕事だ」と思ってもらうには、何を書けばいいのでしょうか？

やりがいについては人それぞれです。

たとえば、お金が儲かることにやりがいを感じる人もいれば、自分の知名度がアップすることにやりがいを感じる人もいますし、仕事の社会的意義にやりがいを感じる人もいるでしょう。また、仕事の大きさにやりがいを感じる人もいますし、誰かに喜ばれることにやりがいを感じる人もいます。

したがって、やりがいについて触れる場合は、相手がどんなことにやりがいを感じるタイプなのかを、事前にリサーチしておくことが重要になります。やりがいのポイントを間違えてしまうと、話がご破算になってしまうこともありますので注意が必要でしょう。

ただ、一般論として言えば、「その仕事にどんな社会的意義があるのか?」といったことや、「その仕事によってどんな人たちが救われるのか? あるいは喜ぶのか?」といったことが、多くの人がやりがいを感じるポイントです。

ですので、相手のやりがいのポイントがわからない場合は、このあたりのことを書いてみるのがいいでしょう。

○「この仕事が成功すれば、当社の三つの子会社の仕事もすべてお願いしたいと考えております」

○「この仕事は日本中のマスコミが注目していますので、成功すれば、あなたの知名度は一気にアップすることでしょう」

○「この仕事は○○の歴史を変えることになると思います」

○「この仕事は日本でまだ誰も成功したことのないものです」

○「世界中の子どもたちが、この仕事の完成を心待ちにしています」

○「この仕事が完成すれば、○○で困っている女性が救われることになります」

図6-⑤　仕事のやりがいを書く

特に、人は自分が誰かの役に立っていることに、やりがいや喜びを感じる傾向がありますので、あなたの依頼していることが、誰の役に立つものなのかを考えてみることで、やりがいポイントに辿り着けるかもしれません。

たとえば、次のようなものです。

「世界中の子どもたちが〇〇を待っている」

「〇〇で困っている女性が救われることになる」

先ほどのメリットと同様にやりがいも、ギャランティを凌駕する傾向がありますので、依頼文では力を入れるべきところと言えるでしょう。

この章のまとめ

①上から目線で頼むのはNG、自分を正当化したり決めつけたりせず、お伺いを立て、相手の「余地を残す」のがポイント

②「あなただからこそ」を訴えてやる気を出させる
③悪い条件も言い方次第で「やりがい」に変えることができる

おわりに

ビジネスでは二つの視点を使った応用力が必要！

まずは最後までお読みいただき、ありがとうございました。

ロジカル・ライティングとエモーショナル・ライティング、いかがだったでしょうか？

今回、私（堀内）は、エモーショナル・ライティングを担当いたしましたが、ビジネス文章にはどちらも必要だと思っています。

どちらか一つだけではダメだとは言いませんが、**両方のスキルが備わっていたほうが、ビジネスの強力な武器として、文章を使いこなせることは確かです。**

ロジカル・ライティングとエモーショナル・ライティングの二つを組み合わせて使える応用力があれば、あなたのビジネスはこれまで以上にうまくいくと言っても過言ではないでしょう。

なぜなら、ロジカル・ライティングもエモーショナル・ライティングも原点は同じだと、私は考えているからです。

それは、「相手（読み手）を思いやる心」です。

ロジカル・ライティングの場合は、

「どう書けば、相手が理解しやすくなるのか？」

ということが発想の原点になります。

一方、エモーショナル・ライティングの場合は、第4章でも書きましたが、

「何を書けば、相手は喜んでくれるのか？」

「何を書けば、相手の役に立つことができるのか？」

「何を書けば、相手の手間を省いてあげることができるのか？」

といったことが発想の原点になるのです。


どちらも「思いやりの心」がベースにあるのです。

文章のテクニックも重要ですが、そのベースに「思いやりの心」がなければ、いくらテクニックを身に付けても、ビジネスはうまくいかないのです。

▼文章を書き終えたら、エモーショナルな視点でチェックを！

ビジネス文章に限って言えば、文章は「コミュニケーションの手段」です。

ですから、相手に伝わって初めて、その文章は意味があるのであって、相手に伝わらなければ、その文章がいくら正しくても、いくらうまくても意味がないと言ってもよいでしょう。

さらに、コミュニケーションである以上、それによって良好な関係を築けることが重要になります。

そのためには、相手の感情を逆なでするような表現は避けなければいけないのは当然のことですが、それ以上に重要なのが、相手に「この人、良い人だなぁ～」「気が効く人だなぁ～」「好感が持てるなぁ～」と思ってもらうことなのです。

そして、それにはエモーショナル・ライティングが最適だと、私は思っています。

対面によるコミュニケーションや電話でのコミュニケーションであれば、顔の表情や身振り手振り、声のトーンなどで、微妙なニュアンスを伝えることができるでしょう。

しかし、文章によるコミュニケーションの場合は、そこに書かれた文字がすべてになりますので、「それは誤解なんです」「そういうつもりじゃなかったんです」といった言い訳は通用しないのです。

ビジネストラブルを避けるためにも、私は文章を書いたあと、必ず相手になったつもりで、その文章を読み返してみることをおすすめしています。

見直しでは、「誤字脱字はないか?」「正しい日本語になっているか?」をチェックすることも大切です。しかし、それ以上に

・相手の感情を逆なでするような表現はないか?
・相手がわからない言葉を使っていないか?
・相手にとって理解しやすい構成になっているか?
・相手の役に立っているか?

といったことをチェックするほうが大事なのです。もちろん誤字脱字や文法的な間違いがないほうが望ましいですが、多少あったとしても、それが大きな問題に発展することはありません。

それよりも、エモーショナルな視点でチェックすることを優先してほしいのです。

▼正しい文章より心のこもった文章のほうが影響力が大きい

あなたはこれまで誰かの話を聞いて涙を流したり、心を打たれたりした経験はありませんか？

あるという人は、ちょっと思い出してみてください。

その人は途中で話に詰まったり、間違ったり、言い直したりすることなく、流暢に話していましたか？

それとも、日本語が少し変だったり、たどたどしさはあったりしたけれど、一生懸命、感情を込めて話していましたか？

もちろん話の内容にもよるでしょうが、同じ内容の話であれば、少なくとも私は、後者のような人の話に心を動かされると思います。

実際、過去にそういう体験を何度もしてきました。

あまり感情を表に出さず、立て板に水のように話す人より、多少荒削りでもいいので、感情を込めて話す人のほうが、心に響いてくるのです。

じつは、文章も同じで、**正しいけれどビジネスライクな文章には心を動かされることはありませんが、多少荒削りでも心のこもった文章には心を動かされるものなのです。**

ビジネスシーンで書くすべての文章がエモーショナルなものである必要はありませんが、あなたが評価されたいと思う人に対して書く文章については、エモーショナル・ライティングを心がけたほうがいいでしょう。

本書では、「ロジカル・ライティング」と「エモーショナル・ライティング」の二つの視点について触れてきました。

今後、あなたの書く文章が、あなたの強力な武器になってくれることを祈っています。

人より評価される文章術

発行日　　2017年3月1日　初版

著　者　　高橋慈子・堀内伸浩
発行者　　東 英弥
発行所　　株式会社宣伝会議
〒107-8550　東京都港区南青山3-11-13
tel.03-3475-3010（代表）
http://www.sendenkaigi.com/

印刷・製本　　中央精版印刷株式会社
装丁デザイン　　ISSHIKI

ISBN 978-4-88335-388-0　C2063